U0901689

世纪波
Century Wave

从职场新人到职场精英

（第2版）

李家强 著

電子工業出版社
Publishing House of Electronics Industry
北京·BEIJING

图书在版编目（CIP）数据

从职场新人到职场精英 / 李家强著. —2 版. —北京：电子工业出版社，2020.3

ISBN 978-7-121-38277-2

Ⅰ. ①从… Ⅱ. ①李… Ⅲ. ①职业选择－通俗读物 Ⅳ. ①C913.2-49

中国版本图书馆 CIP 数据核字（2020）第 021632 号

责任编辑：晋　晶
文字编辑：袁桂春
特约编辑：田学清
印　　刷：三河市兴达印务有限公司
装　　订：三河市兴达印务有限公司
出版发行：电子工业出版社
　　　　　北京市海淀区万寿路 173 信箱　　　　邮编 100036
开　　本：720×1000　1/16　　印张：16.25　　字数：242 千字
版　　次：2016 年 1 月第 1 版
　　　　　2020 年 3 月第 2 版
印　　次：2020 年 3 月第 1 次印刷
定　　价：69.00 元

凡所购买电子工业出版社图书有缺损问题，请向购买书店调换。若书店售缺，请与本社发行部联系。联系及邮购电话：（010）88254888，88258888。

质量投诉请发邮件至 zlts@phei.com.cn，盗版侵权举报请发邮件至 dbqq@phei.com.cn。

本书咨询联系方式：（010）88254199，sjb@phei.com.cn。

前 言

对组织来说，职场精英是高潜力、高绩效的员工，是“80/20 法则”中那 20%的职场佼佼者，是组织希望保留的人才，也是职场中容易被挖墙脚的对象。成为职场精英是很多职场人内心期望的一个目标。

这是你的一个目标吗？如果是，希望本书对你有所帮助。

从自身来说，职场精英应具备哪些特征？

“德才兼备”是不可或缺的硬指标！德才兼备——既拥有被优秀企业普遍认同的职业道德水准，又具备过硬的岗位专业能力——是人才的必备条件。职场精英作为人才中的典型，这一点不可能例外。

职场精英与普通人才的关键区别在于，他们不仅符合人才的硬指标，还具备突出的软实力！而这些软实力的背后是相应一套成为职场精英需要身怀的功夫（见表 0-1）!

表 0-1　职场精英具备的软实力和身怀的功夫

职场精英具备的软实力	职场精英身怀的功夫
1．职业目标明确，善于自我激励	功夫一：职业生涯规划
2．情商高	功夫二：职场必备礼仪
3．工作效率高	功夫三：时间管理 功夫四：压力管理

续表

职场精英具备的软实力	职场精英身怀的功夫
4．沟通、表达能力强	功夫五：人际沟通 功夫六：常用公文写作 功夫七：商务讲话
5．乐于并善于合作	功夫八：会议主持与参与 功夫九：服务意识与技能
6．是问题克星	功夫十：问题分析与解决
……	……

以上归纳的这些职场精英的软实力和功夫，是我近 30 年职业经历和为通信、信息技术、互联网、软件、半导体、航空、航天、能源、矿产、电力、农业、化工、医疗、制药、汽车、地产、机械制造、工业材料、家电、食品、日用消费品、金融、保险、邮政、贸易、物流、美容、时尚、服装、奢侈品、旅游、酒店、餐饮、教育、咨询、出版、印刷、环保、传媒、广告等 50 多个细分行业的数百家不同性质、不同规模的中外企业提供管理咨询、培训或教练的经验总结，也是本书的关注点和内容。

我曾在政府机构、国企、外企任职，并在国外学习、生活和工作多年，这些经历让我对职业发展拥有了深刻的体会。同时，为各种企业提供咨询、培训或教练服务的过程又让我获得了研究职场精英的广泛视角。我发现，这十门功夫是世界 500 强企业在个人效能方面对员工进行的普遍而常规的培训课题——从一个侧面反映出，这十门功夫也是优秀企业普遍接受的员工职业化的重要标准。

但千万别忘了，“德才兼备”是前提！

祝你成为职场精英！

李家强

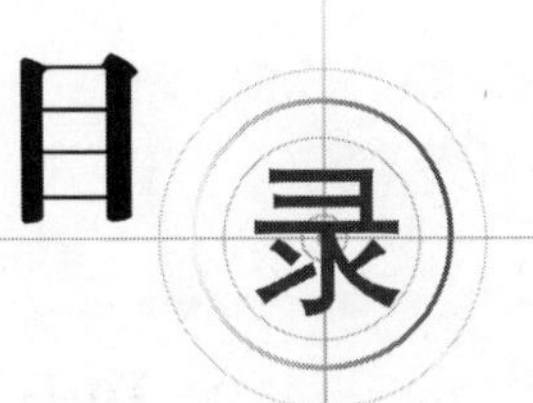

目录

功夫一　职业生涯规划　/ 1

功夫二　职场必备礼仪　/ 38

功夫三 时间管理 /52

功夫四　压力管理　/ 79

功夫五 人际沟通 / 103

功夫六 常用公文写作 /139

功夫七　商务讲话　/ 154

功夫九　服务意识与技能　/ 203

功夫十　问题分析与解决　/ 223

参考文献　/ 245

功夫一

职业生涯规划

俗话说：女怕嫁错郎，男怕入错行。职业通常为一个人提供赖以生存的物质基础，同时从很大程度上反映一个人的人生追求。因此，职业选择成了我们每个人一生中的重大决策之一。

然而，当今中国人口众多，就业市场竞争激烈，人们常常陷入“不是我选择职业，而是职业选择我”的尴尬境地。也正因为如此，我们许多人放弃了为自己设计职业发展道路的主动性，直到小有所成才静下心来反思自己的职业发展道路。想一想，尽管做现在的工作是轻车熟路，但有多少人真正热爱自己正在从事的职业呢？

问一下自己，你目前的工作能力和工作动力在图 1-1 中的什么位置？

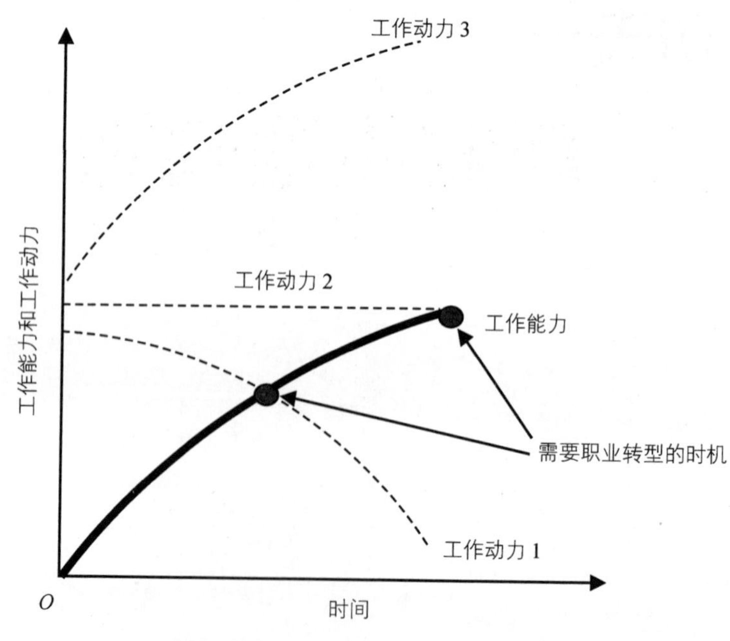

图 1-1　工作能力和工作动力曲线

无论我们从事什么职业，刚开始的时候通常工作能力还不算强，但随着时间的推移和经验的增长，工作能力会不断提高。

然而，工作动力却不一定随着工作能力的提高而正比例增强。

- 很多人，会像“工作动力 1”曲线那样，随着工作能力的不断提高，工作动力逐渐下降。
- 有些人，会像“工作动力 2”曲线那样，随着工作能力的不断提高，工作动力一如既往地保持良好。
- 极少人，会像“工作动力 3”曲线那样，随着工作能力的不断提高，从事同一工作的动力也同比例增强。

当工作动力曲线即将与工作能力曲线相交的时候，一个人开始对目前的职业产生较强烈的不满足感，甚至感到迷惑、彷徨。这也正是一个人需要职业转型的时机。难道你希望这个时候才开始为自己制订职业生涯规划吗？

我喜欢这样一句话：一个人应该在现实中工作，在理想中生活。我们不该让现实的困境影响我们对理想职业的追求。那么什么才是我们的理想职业呢？

理想职业当然是因人而异的。简言之，理想职业应该是一个人真正喜欢、适合并能通过努力而胜任且市场需要的工作。说起“喜欢”似乎容易，有许多女孩子可能都喜欢模特这个职业，但有多少人适合呢？有些人适合并胜任销售岗位，但不喜欢。理想职业必须是“喜欢”“适合”“胜任”“机会 / 平台”这四个要素的交集（见图 1-2），缺一不可！

这门功夫并不是要你放弃你现在可能并不喜欢或不适合的工作，而是为你提供职业生涯规划的工具和方法，从而帮助你为自己的职业理想积极、尽早地做出努力。

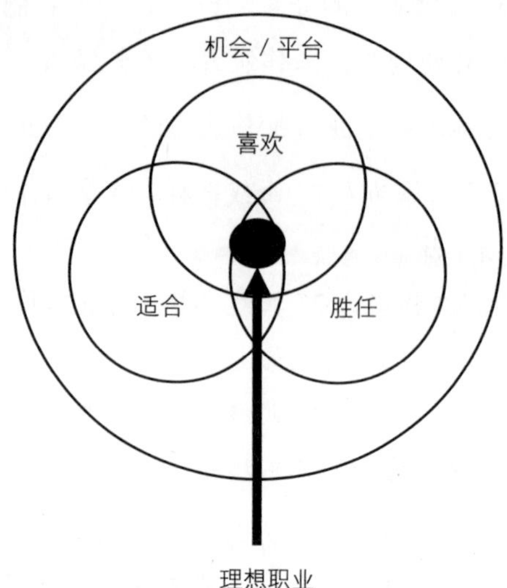

图 1-2　理想职业是“喜欢”“适合”“胜任”“机会 / 平台”四个要素的交集

本门功夫的要领

- 职业生涯阶段的划分
- 事业锚
- 健康的职业心态
- 职业兴趣度、适合度和胜任度测评方法及工具
- 理想职业的机会和平台分析
- 职业生涯规划的制订与实施

职业生涯阶段的划分

- 准备阶段：一个人出校门、获得第一份正式工作之前的时间都可以被看作职业生涯的准备阶段，通常在 25 岁以前。

- 探索阶段：一个人获得第一份正式工作到 30 岁之前的那段时间。在这个阶段，人们往往会横向发展，尝试不同的工作，以确定事业锚（具体解释见“事业锚”）。
- 立业与发展阶段：30～39 岁的那段时光。在这个阶段，人们开始职业的纵向发展，以寻求成就。
- 生涯中期：40～49 岁。在这个阶段，人们需要更新知识和技能，维持并巩固自己已经取得的地位。
- 生涯后期：50 岁至退休之前。在这个阶段，人们往往开始关注并发展兴趣爱好，为退休生活做准备。
- 退休生活：退休以后的日子。

事业锚

这一概念由美国麻省理工学院埃德加 · H. 沙因（Edgar H. Schein）教授经过大量实证后提出，是指人在积累了一定的生活和工作经验后对自我有了更深入的洞察，发展出自己较真实、趋稳定的职业定位。这种洞察基于以下几点。

- 自省的才干和能力：从各种实践的成功中得出。例如，在小学、中学、大学，我都是学生干部，组织和参与各种学生活动；我一直担任学校广播站的播音员或节目主持人；中学时我一直是英语课代表，每周三次带同学们早读；大学四年的暑假里我为外国旅游团做导游。这些实践活动让我很早就意识到自己的人际交往才干和沟通表达能力。
- 自省的动机和需要：由实际情境中的自我测试、自我诊断和他人反馈得出。通过 MBTI（迈尔斯-布里格斯类型指标）、PDP（职业活力衡量系统）等测评，经过自我反思并结合同事、朋友给我的反馈，我更清楚地意识到自己的生命动机和需要：不求名利，但求给家庭和身边的人带来幸福和快乐；希望在有生之年游遍世界的多数角落。

- 自省的态度和价值观：从自身与雇佣组织和工作环境实际互动的过程中得出。迈入职场的前几年，我在工作、与上级和同事交往、与客户打交道的过程中，逐渐意识到积极乐观、自主自立、坦诚尊重、信任共赢、求新求变、工作家庭平衡的重要性，这些态度和价值观形成了我之后选择和从事工作的标尺，而这些态度和价值观又在之后的工作中不断强化，成为伴随我职业生涯的主旋律。

事业锚的特点

第一，事业锚产生于一个人的早期生涯（准备和探索）阶段，以习得的工作经验为基础。美国人确定事业锚的时间相对较早，因为他们有从小就勤工俭学的传统。较早的社会实践有助于一个人更快地找到事业锚。在中国的现实条件下，一个人能在30岁确定自己的第一个事业锚就是十分值得庆幸的事了。孔子说一个人应“三十而立”，我将其改为“三十而锚”。倘若你在35岁还没找到自己的“锚”，那你真的需要好好考虑考虑余生了。难怪现在职场上都说35岁是个坎儿！

第二，事业锚强调个人能力、动机和价值观三方面的相互作用，即事业锚一定是你喜欢、适合并且胜任的工作。但你喜欢、适合并且胜任的工作并不一定就是你的事业锚，因为这个工作不一定符合你最深层的价值观。只有喜欢、适合、胜任并符合个人价值观的工作才能真的算这个人的事业锚。

我年轻时从未想过自己会成为独立管理咨询顾问、培训师和教练这样的自由职业者。可生活和工作的经历使我日益明确了我在影响人际关系、传授知识、训练技能和解决问题方面的能力，我对家庭生活的重视，以及我对自立自主、坦诚尊重等价值观的追求。2002年当我第一次成为独立职业讲师和咨询顾问后，我发现自己找到了人生中的第一个事业锚。

也许你会感叹，找到一个喜欢、适合并且胜任的工作已经很不容易，更何况是事业锚呢?

第三，事业锚很难根据各种测试被提前预测。一个人的职业倾向可以被预测，但事业锚一定是经过实践后才能被确定的。但值得庆幸的是，一个人的事业锚通常在他的职业倾向范围之内。我通过职业倾向测试就得知自己适合从事咨询和培训工作。因此，进行职业倾向测评对你确定自己的事业锚会有极大的指导作用。

第四，事业锚虽然趋于稳定，但不是固定不变的。锚帮你在避风的港湾停泊，让你找到人生中事业的一个支点，但你仍然可以重新起航，去追寻新的事业锚。我已迈过知天命之年，咨询、培训和教练已成为我生命中的使命，但我内心中已经感到新的事业锚又在向我招手。

事业锚的类型

根据沙因教授的研究，事业锚共有 8 种类型，如表 1-1 所示。

表 1-1　8 种事业锚类型和各自特征

事业锚类型	主要特征	职业示例
1. 技术 / 职能型	对某一特定工作很擅长并且很热衷。为自身所具备的专业才能而自豪，倾向于一种“专家式”生活。不喜欢成为全面的管理人员，但愿意成为职能经理，因为可以更好地帮助自身发展专业领域	研发人员、程序设计员、教授、总工程师、财务人员、销售人员、人力资源专员
2. 管理型	对管理具有浓厚兴趣，拥有成为管理人员的强烈愿望，并将此看作职业进步的标准。具有管理相关能力，能够承担更大的责任并做出有影响力的决策	企业总裁、各级经理、社团领导
3. 自主 / 独立型	追求自主和独立，不愿意接受别人的约束，不愿受程序、工作时间、着装方式及组织中的各种规范的制约。希望能用自己的方式、工作习惯、时间进度和标准完成工作	自由职业者、艺术家、个体经营者

续表

事业锚类型	主要特征	职业示例
4. 安全/稳定型	注重职业的基本、最重要的需求。追求工作的稳定性，不希望工作中出现意想不到的变动	公务员、国企职工
5. 创造/创业型	看重建立或设计完全属于自己的事业，如建立或投资新的公司，收购其他公司并按自己的意愿进行改造。具有强烈的冲动向别人证明：通过自身努力能够创业，开发产品或服务，并发展下去。常以财富作为衡量成功的标准	企业家、发明家
6. 服务/奉献型	关注工作带来的价值而非能否发挥自己的才干。期望为他人和世界做出贡献而不计较个人名利	护士、幼儿园教师、非营利性机构工作人员
7. 挑战型	力求克服任何障碍，解决任何问题，战胜任何对手。喜欢面对艰巨任务，接受越来越严峻的挑战	科学家、运动员
8. 生活型	追求弹性的工作环境，以平衡个人、家庭和工作的需求。为满足个人和家庭的需求，甚至可以牺牲职业成功	园艺师、厨师

一个人的事业锚并非一定是单一的，有可能是混合型的。譬如，理想的总工程师，其事业锚不仅需要具有技术/职能型倾向，还应具有管理型倾向；成功且快乐的企业家，不仅具有创造/创业型倾向，也同时具备生活型倾向。

事业锚的作用

- 事业锚有助于识别员工的职业抱负模式和职业成功标准。对那些希望“爱一行，干一行”的人来说，尽早找到事业锚尤为重要。有人总结说“没有事业锚，心里就发毛”，这其中不乏道理。对前途和未来感到迷茫从而压力重重的人通常还没有找到自己的事业锚。
- 事业锚会促进员工与组织之间心理契约的达成，提升员工敬业度。心理契约是指员工发自内心地认同公司，员工不仅愿意为公司做出贡献，同时也相信公司可帮助自己实现个人职业发展目标。员工敬业度是指员工与公司形成心理契约后所达到的贡献程度。

- 事业锚将为员工中后期职业生涯发展奠定基础。

健康的职业心态

亚里士多德说："你的天赋才能与世界需求交叉的地方，那就是你的使命所在。"例如，我很早就意识到自己在人际交往、沟通表达和影响他人方面的才能，这个世界中的组织有培训、咨询和教练的需求，成为优秀的培训师、咨询顾问和企业教练便成了我人生的使命。

这个使命便可理解为个人的事业锚。能很早意识到自己的天赋才能且确定事业锚是一件幸运的事，可以让你"爱一行，干一行"。但这个世界不是为你一个人准备的，很难做到你所干的都是自己喜欢的工作，况且很多时候很多人由于外界和环境的影响，迈入职场时对自己到底爱什么都迷迷糊糊，更何谈"爱一行，干一行"？健康的职业心态第一个就应该是：

干一行，爱一行！

以人为本的组织可以尊重你的喜好安排工作，但即使你喜好的工作也不可能方方面面都让你开心。如果你连自己的喜好都说不清楚，那么雇主能给你提供一份工作，不已经够以人为本了吗？学会从貌似不令人喜欢的工作中发现乐趣，享受工作的过程，这是职场成功的基础！

如何发现工作中的乐趣、享受工作的过程呢？这就是我们应具备的第二个健康的职业心态：

不断思考从工作中我学到了什么，这一工作对我的职业目标有何帮助。

除了这两点，健康的职业心态还应包括：

遇到问题发点儿牢骚不可怕，关键是要想解决办法，因为办法总比问题多。

不要指望雇主一定要对得起你，而你一定要对得起雇主。

雇主并非求你为他工作，而你因为觉得雇主对不起你，所以想一报还一报地对不起他——不充分发挥自己的才能，得过且过——其实荒废的、最对不起的人是你自己！

职业兴趣度、适合度和胜任度测评方法及工具

职业兴趣度测评方法和工具

一个人的职业兴趣可以源于许多因素，包括基因、父母的教养方式、大学专业、社会环境、兴趣爱好、工作环境等。当人拥有了一定的阅历之后，职业兴趣会尤其受到其个人价值观的影响。

对职业兴趣度的测评通常包括：

- 人生价值观测评；
- 工作价值观测评；
- 兴趣爱好列举；
- 工作条件要求。

人生价值观测评

美国社会心理学家米尔顿·罗克奇（Milton Rokeach，1918—1988）研究后指出，价值观包含两类：终极性价值观和工具性价值观。终极性价值观是指一个人所追求的人生目标。工具性价值观是指为实现目标所采用的行为方式。罗克奇价值观调查问卷是国际上广泛使用的价值观问卷。

罗克奇价值观调查问卷

请从终极性价值观中选出5个最能代表你的价值观，并按重要程度（1～5）排序。

终极性价值观

1．舒适的生活：富足的生活
2．快乐的生活：活跃、积极的生活
3．成就感：持续做出贡献
4．和平的世界：没有战争和冲突
5．美丽的世界：美妙的自然和艺术
6．平等：人人机会平等
7．家庭安全：呵护所爱的人
8．自由：独立，自由选择
9．幸福：满足
10．内心和谐：没有内心冲突
11．国家安全：不受侵略
12．成熟的爱：肉体与精神的亲近
13．愉悦：惬意休闲的生活
14．救赎：被拯救的永恒生活
15．自尊：自重
16．社会认可：受尊敬、爱戴
17．真正的友谊：亲密的伙伴关系
18．睿智：对生活的成熟认识

请从工具性价值观中选出5个最能代表你的价值观，并按重要程度（1～5）排序。

工具性价值观

1．雄心壮志：勤奋上进
2．心胸宽广：开放的心态
3．有才华：能力强，效能高
4．乐观：轻松愉快
5．整洁：干净利索
6．勇敢：维护自己的信仰
7．宽容：愿意原谅他人
8．乐于助人：为别人谋福利
9．诚实：真挚诚信
10．富有想象力：大胆，创造力强
11．独立：自给自足
12．有学问：智慧，自省
13．逻辑性强：理智，始终如一
14．有爱心：温柔善良
15．顺服：彬彬有礼，主动性强
16．讲礼貌：温文尔雅，举止得体
17．负责任：值得依靠和信赖
18．自律：自我约束和把握

工作价值观测评

工作价值观测评示例

从以下项目中选出你在选择工作时最看重的 5 个方面，并按重要程度（1～5）排序。

- ■ 收入
- ■ 成就
  - □ 出名，满足表现欲
  - □ 获得尊重
- ■ 工作种类
  - □ 发挥专长、潜能
  - □ 学习机会
  - □ 帮助他人
- ■ 工作时间
  - □ 有规律
  - □ 自由支配
- ■ 工作环境
  - □ 社交
  - □ 气氛和谐
- ■ 技术能力
  - □ 专家地位
- ■ 风险、压力
  - □ 获得安全感
  - □ 有挑战性
  - □ 保持自我生活方式
  - □ 娱乐、有趣
- ■ 独立性、权力
  - □ 独立自主
  - □ 展示领导能力
- ■ 工作地
  - □ 喜欢工作所在地
  - □ 户外工作
  - □ 可以出差或到异地工作
  - □ 可以更多地与家人在一起
- ■ 生活的平衡
  - □ 人生经历的一部分
  - □ 个人生活重于工作

沙因教授开发的事业锚测评问卷，作为国际上职业测评中广泛运用而有效的工具之一，同样可以帮助你认识自己的工作价值观。

一个人的人生或工作价值观也可以通过心理投射测验反映出来。投射测验是让被试者通过一定媒介，建立自己的想象世界，在无拘束的情境中表达其内心感受并显露其个性特征。媒介可以为线条、图片、句子、故事开头等。通过心理投射测验反映出的人生或工作价值观往往更加真实。

心理投射测验示例

以下是 5 个阐明生活目标和职业选择之间重要关系的例子。请标出你最认同的一个。

- A 最想要的就是金钱。由于家境贫寒，A 一心想过衣食无忧的生活。这种愿望十分强烈，以至于他想在实现目标之前保持单身。A 的一些朋友认为他思维狭隘且自私，但 A 毫不在意。他在目标的激励下进行了全方位的职业搜索，成功地成为一个注册会计师，实现了他的梦想。尽管失去了一些朋友，但 A 变得比他的这些朋友们都富有。
- B 有两个生活目标。一个是旅行，另一个是要促进世界人民的相互理解。B 为达到她的目标奋斗了很长一段时间。结果，当她成为旅行代理商时，已到了不惑之年。由于参加了继续教育课程，B 会说两种外语。在旅行中，B 以“亲善大使”的姿态辛勤工作。B 告诉她的朋友：“当我发现某些事更为重要而需要我为之献身时，我会全身心投入。我希望不久能发现一个更好的生活目标。”
- C 从职业高中毕业后在建筑行业干了三年。他从未过多地想自己的职业生涯，直到遇见了一个特别的女孩。在 C 的生活中，他第一次想拥有一个属于自己的美好未来。从那时起，他们两个人就一起忙碌起来了。现在 C 已拿到本科文凭，而且成了一名建筑设计师。
- D 从一位小学老师那里得知她有艺术才能。后来，D 听了家人劝告，接受学校教育，考上大学，进了外企工作。在变换了一个又一个无法令她满足的工作之后，她开始反思。正巧，一位艺术家的成功给了她灵感，她觉得自己也可以做得同样出色。于是，她到美术学院进修。今天，D 已是一位成功的商业艺术家，并且被时常邀请回到她的母校做演讲。
- E 厌倦了现在整天都要在计算机前的工作，决定给自己放一个长假。他一边旅游并结交新的朋友，一边利用一切手段了解有前景的工作机会。他发现保险精算师在现在以及可预见的未来是中国就业市场的抢手职业：不算累，但收入很高，目前在美国已被认为是最令人羡慕的职业。E 的数学一直很好，计算机又是他的强项。因为国内精算领域没有什么学校可选，所以 E 决定出国深造。他对自己的未来充满信心。

参考答案

心理投射需要分析人员具有心理学知识和经验。分析时不仅要基于被试者所表达的语言，还要结合其表达时的语气、语调和身体语言。对以上 5 个例子，即使不同的被试者都认同同一个例子，结果也会因人而异。以下分析只是一些较为可能的答案。

- 认同 A 的人可能有极强的成就欲，适合从事单打独斗的工作，如保险销售。
- 认同 B 的人可能有较强的亲和力，喜欢从事与人打交道并为人服务的工作，如人力资源、工会工作。
- 认同 C 的人可能十分注重人际关系，把情感、精神激励看得比物质激励更重。
- 认同 D 的人可能具有较强的责任感，善于自我激励，是一个可以被充分授权的人。
- 认同 E 的人可能思想相当开放，不太爱受约束，喜欢从事有较大自由度的工作。

兴趣爱好列举

兴趣爱好列举示例

从下列项目中用“√”选出你的兴趣爱好。你所选的不一定是你从事过或擅长的。从所选的兴趣爱好中用“☆”标出最重要的 3 个。

❑ 运作自己的公司	❑ 搞研究
❑ 机器 / 机械操作	❑ 运动
❑ 网上购物	❑ 设计实物

- ❑ 帮助他人
- ❑ 家居改造
- ❑ 教学
- ❑ 旅游
- ❑ 阅读
- ❑ 娱乐
- ❑ 给人出主意
- ❑ 时装设计
- ❑ 政治
- ❑ 厨艺
- ❑ 园艺
- ❑ 动物
- ❑ 营养与健康
- ❑ 健身
- ❑ 工艺美术
- ❑ 策划社会活动
- ❑ 徒步旅行等户外活动
- ❑ 摄影
- ❑ 游艇
- ❑ 做家具
- ❑ 房地产
- ❑ 社区服务
- ❑ 推销
- ❑ 修理东西
- ❑ 管理项目团队
- ❑ 钓鱼
- ❑ 写作
- ❑ 照顾他人
- ❑ 干体力活
- ❑ 谈判
- ❑ 学新东西
- ❑ 戏剧
- ❑ 电影
- ❑ 室内工作
- ❑ 户外工作
- ❑ 外语
- ❑ 从事非营利性机构的工作
- ❑ 宗教
- ❑ 美容
- ❑ 名胜古迹
- ❑ 室内装潢
- ❑ 逛街购物
- ❑ 汽车
- ❑ 用手语同聋哑人交流
- ❑ 制作模型
- ❑ 飞行
- ❑ 高尔夫或网球
- ❑ 投资
- ❑ 珠宝
- ❑ 室内设计
- ❑ 音乐
- ❑ 打猎
- ❑ 计算机
- ❑ 其他：________________

工作条件要求

工作条件要求示例

请用“☆”分别标出你最喜欢和最不喜欢的3种工作条件。

	喜欢	不喜欢
经常旅行	❑	❑
要求精确	❑	❑
经常驾车	❑	❑
需要冒险	❑	❑
重复性工作	❑	❑
需要大量阅读	❑	❑
需要大量写作	❑	❑
噪音很多	❑	❑
非常安静	❑	❑
环境拥挤	❑	❑
独自工作	❑	❑
强度不大	❑	❑
多样化	❑	❑
工作时间固定	❑	❑
需要经常做决策	❑	❑
需要与人打交道	❑	❑
工作时间不规律	❑	❑
环境轻松灵活	❑	❑
自主安排工作时间	❑	❑
在小城市工作	❑	❑
在大城市工作	❑	❑
办公环境大气	❑	❑

办公环境小一些	❑	❑
能够经常搬迁	❑	❑
办公地点离住所近	❑	❑
需要随叫随到	❑	❑
需要团队协作	❑	❑
需要独立行动	❑	❑
完成期限明确	❑	❑
其他：______________	❑	❑

职业适合度测评方法和工具

职业适合度主要是指一个人的个性特征是否适合工作的性质。举个简单的例子，内向的人一般不太适合销售工作，急性子的人不太适合客户服务工作等。工作适合度更高的人，从事该工作时上手就会更快，能力和潜力也易发挥得更为充分。

职业适合度测评通常包括：

- 个性（人格、性格）测评。常用的工具包括：
  - MBTI（以下重点介绍）；
  - DISC；
  - PDP 的人际风格测评；
  - 霍根（Hogan）测评；
  - 九型人格；
  - 贝尔宾（Belbin）团队角色。
- 职业倾向测评。常用的工具包括：
  - 霍兰德（Holland）职业倾向测评（以下重点介绍）；
  - 哈里森（Harrison）测评；
  - MBTI。

为什么需要测评

著名的乔–哈里橱窗分析（见图 1-3）告诉我们，我们每个人都有如下 4 个自我。

	他人知	他人不知
我自知	公开我	隐私我
我不自知	盲点	潜在我

图 1-3　乔–哈里橱窗分析

我们每个人清楚自己的公开我和隐私我，但缺乏对盲点和潜在我的认识，正所谓“不识庐山真面目，只缘身在此山中”。我们不也常常感叹人最难认清的往往是自己吗？那么我们怎样才能发现自己的盲点和潜在我呢？测评就是一个十分有效的途径。当然，除了测评，别人对自己的评价和反馈也是认识自我的一个重要手段。

如何运用测评结果

根据我的实践经验，不要过分迷信一种测评的结果，尤其是个性类测评。至少应做两到三个测评，譬如 MBTI+九型人格+贝尔宾团队角色，从中找出几个测评结果中对你的分析相同或相似的部分，这些部分往往代表你相对稳定的特质。

我非常推荐大家去做 MBTI 的测评。这个测评在跨国公司中应用很广，结果的准确性也相当高。这个测评需要在专门机构进行。通过测评，你可以对自己的个性特征、领导风格、职业倾向、对团队的贡献等方面做出比较全面的了解。

个性测评

MBTI

该测评于1942年由美国心理学家伊莎贝尔·布里格斯·迈尔斯（Isabel Briggs Myers，1897—1980）和其母亲凯瑟琳·库克·布里格斯（Katherine Cook Briggs，1875—1968）根据瑞士著名心理分析学家卡尔·古斯塔夫·荣格（Carl Gustav Jung，1875—1961）的心理类型理论和她们对人类性格差异的长期观察和研究创立，发展至今，已经成为全球著名而权威的个性测评。

MBTI揭示了个性类型的多样性和由此导致的不同个体之间的差异性，区别的因素在于4个关键维度——动力来源、信息获取方式、决策方式和生活方式。

- 维度1：动力来源。分为外倾（E）和内倾（I）两种倾向。
- 维度2：信息获取方式。分为感觉（S）和直觉（N）两种倾向。
- 维度3：决策方式。分为思考（T）和情感（F）两种倾向。
- 维度4：生活方式。分为判断（J）和感知（P）两种倾向。

1．动力来源维度：外倾（E）/内倾（I）

该维度体现个体心理能量的获得途径和与外界互动的程度。外倾型个体的动力更多来自外部，乐于通过与人沟通的方式进行思考，愿意同他人合作共事。内倾型个体的动力主要来自内心，乐于独自思考，倾向于独立行事。

2．信息获取方式维度：感觉（S）/直觉（N）

该维度体现个体对外部信息的获取方式。感觉型个体倾向于接受能够衡量、有证据、真实而有形的事实和细节，相信感官和自己的经验，关注现实。直觉型个体倾向于辨认和寻找事物的含义和结果，重视想象力和将来，不愿维持现状。

3．决策方式维度：思考（T）/ 情感（F）

该维度体现个体做决定的方式。思考型个体注重逻辑分析和事物的因果关系，以结果为导向，较少受个人情感的影响。情感型个体注重人际关系，决定的依据更多在于他人情感和价值观。

4．生活方式维度：判断（J）/ 感知（P）

该维度体现个体的生活方式。判断型个体倾向于以有序、计划的方式安排生活，因不断解决问题而满足。感知型个体偏好收集信息和感知经验，喜欢生活顺其自然，保持开放性和灵活性。

4 个维度上特定偏好的组合就构成一种不同的个性（人格、性格），共有 16 种不同的个性类型（见表 1-2）。MBTI 的 16 种个性分类，揭示了一个人深层的“本我”，即一个人真实的自我，其本能而自然的思维、感觉和行为模式，而不是在别人面前伪装出来的表面的个性特征。

表 1-2　MBTI 的 16 种个性类型和适合的工作

个性类型	个性含义	适合的工作类型	适合的工作
ISTJ	内倾—感觉—思考—判断	技术性工作，需要专注力及独立工作环境	审计、信息总监、会计
ISFJ	内倾—感觉—情感—判断	对精确性要求高，个人不愿表现但要获得承认	秘书、室内装潢、商品规划
ESTJ	外倾—感觉—思考—判断	规范性人员组织工作，工作测评要标准公正	项目经理、证券经纪、保险代理
ESFJ	外倾—感觉—情感—判断	与人合作、共同决策的工作，目标、标准要明确	公关、销售、房地产经纪
ISTP	内倾—感觉—思考—感知	工具性工作，需要有乐趣、有活力、独立性强	银行工作、管理咨询、技术培训
ISFP	内倾—感觉—情感—感知	随性又有益他人的工作	烹饪、旅游策划、海洋生物学工作
ESTP	外倾—感觉—思考—感知	自主性、挑战性工作	理财咨询、新闻采编、机械工程

续表

个性类型	个性含义	适合的工作类型	适合的工作
ESFP	外倾—感觉—情感—感知	务实、多样化的工作	社会工作、工会工作、项目协调
INTJ	内倾—直觉—思考—判断	需要创新、专业知识、与少部分人合作的工作	信息系统开发、金融规划
INTP	内倾—直觉—思考—感知	需要创新并专注过程的工作	软件设计、研发、战略规划
ENTJ	外倾—直觉—思考—判断	指挥性、战略性工作	管理、经营、环保工程
ENTP	外倾—直觉—思考—感知	需要解决问题并与权力相关的工作	工业设计、投资银行工作、广告创意
INFJ	内倾—直觉—情感—判断	能帮助别人成长，使自己感到自豪的工作	人力资源、营销、编辑
INFP	内倾—直觉—情感—感知	能发挥个人独创性、灵活性强的工作	建筑设计、艺术指导、翻译
ENFJ	外倾—直觉—情感—判断	能促进人际关系、丰富多彩又有条不紊的工作	培训、传媒、写作
ENFP	外倾—直觉—情感—感知	与不同人打交道的工作	客户服务、职业发展咨询、主持

你的个人特质

个人特质

从以下词语中用“√”选出所有你认为自己拥有的特质，然后用“☆”标明其中最能体现你的职业魅力的3～6个特质。

- ❑ 力求准确
- ❑ 感性
- ❑ 喜爱冒险
- ❑ 活力十足
- ❑ 善于分析
- ❑ 善于活跃气氛
- ❑ 热爱艺术
- ❑ 热情洋溢

- ❑ 坚定执着
- ❑ 热心公益
- ❑ 善于沟通
- ❑ 富有同情心
- ❑ 好胜
- ❑ 自信
- ❑ 富有创造力
- ❑ 求知欲强
- ❑ 果断
- ❑ 专注
- ❑ 值得依靠
- ❑ 注重细节
- ❑ 善于外交
- ❑ 高效
- ❑ 善于自我激励
- ❑ 善于激励他人
- ❑ 客观
- ❑ 乐观
- ❑ 条理清楚
- ❑ 追求新意
- ❑ 自然而不做作
- ❑ 宽容
- ❑ 善于合作
- ❑ 善于表达
- ❑ 态度积极
- ❑ 工作努力
- ❑ 乐于助人
- ❑ 严以律己
- ❑ 诚实守信
- ❑ 想象力丰富
- ❑ 独立性强
- ❑ 睿智
- ❑ 直觉敏锐
- ❑ 亲切和善
- ❑ 有领导力
- ❑ 沉着冷静
- ❑ 忠诚
- ❑ 反应迅速
- ❑ 自制力强
- ❑ 幽默
- ❑ 自主性强
- ❑ 敏感
- ❑ 善于社交
- ❑ 追求完美
- ❑ 风度翩翩
- ❑ 说服力强

❑ 体格健美	❑ 务实
❑ 高产	❑ 理性
❑ 责任心强	❑ 其他：________

印证你的个人特质

什么是自知之明？简单地说，就是你对自己的认知同别人对你的反馈和评价比较统一。

请让一位能够给你做出比较全面的评价的熟人，从上面的词语中选出 3～6 个最具代表性的个人特质，看看别人的评价与你的自我评价是否吻合。

职业倾向测评

以霍兰德职业倾向测评为例。该测评于 1959 年由美国心理学家约翰·刘易斯·霍兰德（John Lewis Holland，1919—2008）基于其职业兴趣理论创立。霍兰德将职业倾向分为 6 种，分别是：现实倾向（R）、探索倾向（I）、常规倾向（C）、社会倾向（S）、开拓倾向（E）及艺术倾向（A）。这 6 种倾向共涉及 400 多种职业。

霍兰德职业倾向测评问题很多，需要花费较长的时间才能完成。人才选拔过程中，可采用如下所示的职业倾向测评工具示例，测评备选人才的职业倾向。该示例所用测评方法基于霍兰德职业倾向测评而设计。尽管此方法不像原测评那么科学，如果认真回答，与做完原测评全套问题的结果也不会有太大的出入（测评结果分析如表 1-3 所示）。

职业倾向测评工具示例

（各岛的字母代号，即为霍兰德职业倾向的6类代码）

如果有机会让你到以下6个岛屿旅游，不用考虑费用等问题，你最想去的是哪个？请按照喜欢程度选出3个并排序。

A岛

美丽浪漫的岛屿。岛上充满了美术馆、音乐厅，弥漫着浓厚的艺术文化气息。同时，原住民还保留了传统的舞蹈、音乐与绘画，许多文艺界的朋友都喜欢来这里找寻灵感。

I岛

深思冥想的岛屿。岛上人迹较少，建筑物多僻处一隅，平畴绿野，适合夜观星象。岛上有多处天文馆、科学博物馆及科学图书馆等。岛上居民喜好沉思、追求真知，喜欢和来自各地的哲学家、科学家、心理学家等交流心得。

C岛

现代、井然有序的岛屿。岛上建筑十分现代化，岛上呈现进步的都市形态，以完善的户政管理、地政管理、金融管理见长。岛民个性冷静保守，处事有条不紊，善于组织规划。

R岛

自然原始的岛屿。岛上保留热带的原始植物，自然生态保持得很好，也有相当规模的动物园、植物园、水族馆。岛上居民以手工见长，自己种植花果蔬菜、修缮房屋、打造器物、制作工具。

S岛

温暖友善的岛屿。岛上居民个性温和、十分友善、乐于助人，社区自成一个密切互动的服务网络，人们多互助合作，重视教育，弦歌不辍，充满人文气息。

E岛

显赫富庶的岛屿。岛上的居民热情豪爽，善于企业经营和贸易。岛上的经济高度发展，处处是高级饭店、俱乐部、高尔夫球场。来往者多是企业家、经理人、政治家、律师等。

表 1-3　测评结果分析

首选岛屿	职业倾向	个性特点	适合的职业示例
A 岛	艺术倾向	喜欢自我表现、表达情感，富有想象力，易冲动	艺术家、广告人员、设计师、音乐教师、媒体工作人员
I 岛	探索倾向	好奇心强，重分析，好内省	教授、药剂师、实验员、科学报刊编辑、各类科研人员
C 岛	常规倾向	易顺从，好稳定	财务人员、行政人员、计算机操作员、非技术操作工
R 岛	现实倾向	不重社交，重实际利益	技术工人、工程师、飞机机械师、驾驶员、建筑工人
S 岛	社会倾向	善社交，易合作，责任感强	教育工作者、福利机构工作者、咨询顾问、医务人员、服务人员、人力资源工作者
E 岛	开拓倾向	好影响、支配他人，富有冒险精神	销售人员、律师、政治家、管理者、采购人员

霍兰德职业倾向测评不仅关注测评对象的首选倾向，还会根据测评出的前 3 种倾向（按顺序排列，如 SAI、SIA、ASI、AIS、IAS、ISA）帮你挖掘更深层的职业倾向。举例来说，如果测评对象的前 3 种倾向的顺序为 RSE，这不仅代表其适合有现实倾向的职业，还说明其更适合诸如消防员、警察、理发师、勘探员、清洁工、娱乐场所服务员、厨师等工作。

职业胜任度测评方法和工具

职业胜任度是指一个人在能力和潜力方面符合岗位或工作要求的程度，包括通用能力、专业能力和岗位相关的其他能力。

职业胜任度测评通常包括以下 3 种。

- 通用能力测评，关注的是多数工作或某一类工作（如管理、销售、财务、生产等，不受行业限制）一般需要的能力，如智力、沟通能力、计算机操作能力等。企业普遍通过测评方式考量人才的智力，常用测评工具包括：

- 瑞文标准推理测验；
- 韦克斯勒成人智力量表；
- 斯坦福-比奈智力量表。

- 专业能力测评，一般通过学历、专业资质证书、专业相关工作经验、笔试和面试等方式进行测评。
- 岗位相关其他能力测评，常用工具包括：
  - 成就总结；
  - “明星”经历描述；
  - 评价中心技术；
  - 绩效评估。

下面重点介绍瑞文标准推理测验、成就总结、“明星”经历描述、评价中心技术 4 种工具。

瑞文标准推理测验

该测验是英国心理学家约翰·凯雷·瑞文（John Carlyle Raven，1902—1970）于 1938 年设计的非文字智力测验，主要通过图形的辨别、组合、系列关系等方式测试人的一般智力水平，尤其可以测量人的观察力、思维能力及信息利用能力。该测验的特点在于，适用年龄范围宽，测验对象不受文化、种族、语言的限制，现仍在世界各地广泛使用。该测验既可以个别进行，也可以团体实施，操作简便。测验结果解释起来直观简单，具有较高的可信度和有效度。各国在使用该测验时通常会根据本国情况进行修订。中国的企业可使用修订后的中国版瑞文标准推理测验。

管理岗位通用能力自我测评工具示例

以下清单是管理岗位一般需要的通用能力。请用“√”选出你所具备的通用能力，然后从中用“☆”标出你最擅长的5项能力。

沟通能力

❑ 通信
❑ 编辑
❑ 主持
❑ 面试/采访
❑ 倾听
❑ 冲突处理
❑ 调解
❑ 谈判
❑ 演讲
❑ 建立客户关系
❑ 写作
❑ 讲多种方言/外语

协调能力

❑ 事务分类/编排
❑ 校正
❑ 跟进
❑ 记录
❑ 制作报告
❑ 计划/安排时间

育人能力

❑ 表现评估
❑ 教练
❑ 顾问
❑ 人才开发
❑ 激励他人
❑ 教学
❑ 团队建设
❑ 培训
❑ 帮助他人

数据管理能力

❑ 数据分析
❑ 质量评估
❑ 计算
❑ 数据收集
❑ 信息管理
❑ 测评
❑ 研究
❑ 设定标准
❑ 盘点

创意能力

❑ 想点子
❑ 搭配
❑ 视觉化
❑ 对机会敏感
❑ 设计
❑ 制图
❑ 即兴创作
❑ 表现力
❑ 革新

财务能力

❑ 审计
❑ 预算
❑ 控制
❑ 成本会计
❑ 财务分析
❑ 财务计划
❑ 融资
❑ 理财

领导 / 管理能力

- ❑ 审批
- ❑ 授权
- ❑ 创立规章
- ❑ 建立体系
- ❑ 指挥
- ❑ 策划
- ❑ 执行
- ❑ 教导
- ❑ 决策
- ❑ 细节处理
- ❑ 人员管理
- ❑ 项目管理
- ❑ 任务管理
- ❑ 激励士气
- ❑ 推动变革

计划能力

- ❑ 分析
- ❑ 概括
- ❑ 拟订策略
- ❑ 总结
- ❑ 调查

看一看在每项能力下“√”的数量。“√”的比例最高的 3 项能力，代表你这 3 方面的通用技能较强。倘若标“☆”的某种技能不属于这 3 项较强的能力，你也许希望在标“☆”的那类能力方面有所提高。

成就总结

成就总结示例

请回答如下问题：

1. 你做过什么改善现状的事？

（1）锦上添花的事：提高员工满意度，增加产品销量，让本已幸福的婚姻更加幸福等。

（2）减少不良的事：降低次品率、投诉率、成本等。

2. 你曾为何种原因受到过表彰和奖励？

3. 你认为自己有哪些特别值得自豪的地方？

4．你曾被挑选上去做什么事吗？

5．你曾培训别人做过什么？

“明星”经历描述

“明星”经历描述示例

请对你的某项成就进行如下描述。

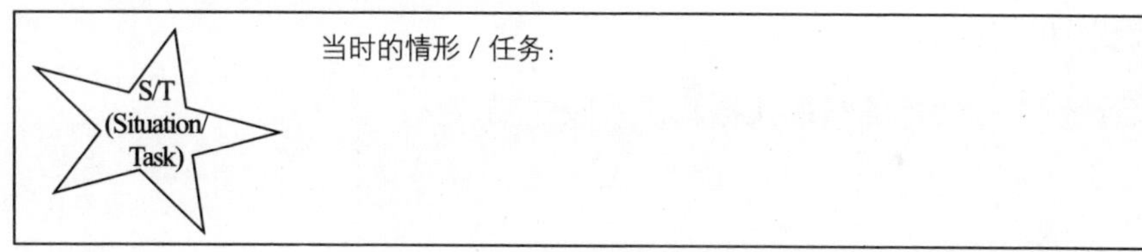

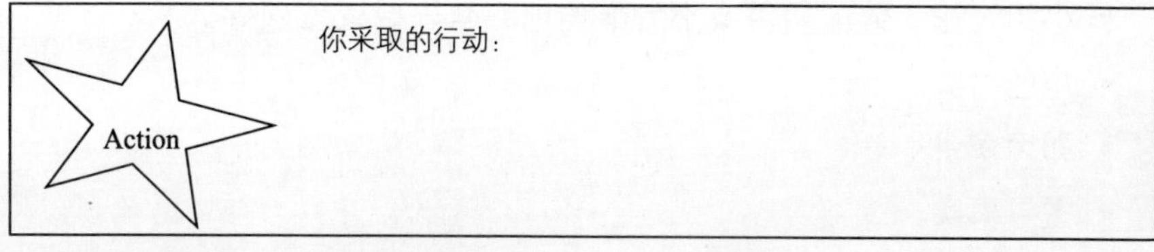

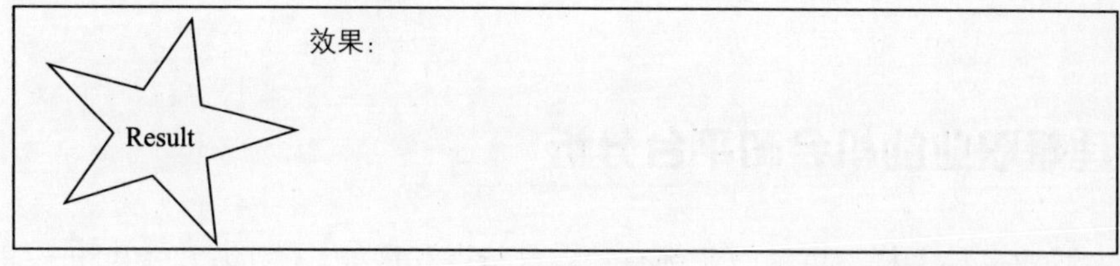

你认为你的这一“明星”经历，体现了你的哪些能力和品质？

“明星”经历体现的能力	“明星”经历体现的品质

评价中心技术

评价中心技术是融合了心理测验、面谈等多种方法的一种综合性测评技术，其最重要的测评手段为情景模拟。评价中心技术的情景模拟法基于这样的假设：人的工作绩效是在一定的环境中产生和形成的，因此，若要对一个人的胜任素质做出客观准确的评价，就不应脱离与其工作相关的环境条件。情景模拟就是要提供这样的环境条件，将测评对象置于一个模拟现实的工作情景中，通常至少由三个以上的评价者观察和评价测评对象在这种模拟工作情景中的行为表现，可以说是目前为止有效度最高的人才测评技术。现实中评价中心技术更多用于对关键岗位和人才（尤其是管理岗位和人才）所需的关键能力（尤其是情商类素质和管理方面的能力与潜力）的识别和培养。

评价中心使用的情景模拟测评手段主要包括：

- 公文处理测验；
- 案例分析；
- 小组讨论（分配角色或不分配角色、有领导或无领导）；
- 角色扮演；
- 即席演讲；
- 搜寻事实；
- 小组任务，有时称为管理游戏。

理想职业的机会和平台分析

职业多种多样，每种职业都有其自身特点和规律。《中华人民共和国职业分类大典》（2015 版）借鉴国际标准职业分类，将我国的职业归为如下 8 个大类，共 1481 个职业。

第一大类：党的机关、国家机关、群众团体和社会组织、企事业单位的负责人，包括 23 种职业，如人民法院负责人、人民检察院负责人、居委会负责人、企业董事、经理等。

第二大类：专业技术人员，包括 451 种职业，如各种科学或艺术研究人员、各种工程技术人员、医生、护士、人力资源与金融等专业的人员、各类文艺工作者等。

第三大类：办事人员和有关人员，包括 25 种职业（详见下文）。

第四大类：社会生产服务和生活服务人员，包括 278 种职业，如采购员、收银员、乘务员、调度员、育婴与护理人员、模特、婚礼策划师、宠物美容师等。

第五大类：农、林、牧、渔业生产及辅助人员，包括 52 种职业，如园艺工、护林师、饲养员、养殖员、检疫检验员、渔业船员等。

第六大类：生产制造及有关人员，包括 650 种职业，如各种生产工人与制造工人、各种检修工与维修工、烘焙工、评茶员、裁剪工、制鞋工、工艺品艺人、试验员、质检员等。

第七大类：军人，包括军人 1 种职业。

第八大类：不便分类的其他从业人员。

再以第三大类——办事人员和有关人员为例，这一职业大类包含的 25 种职业如下：

- 行政办事员；
- 社区事务员；
- 统计调查员；
- 社团会员管理员；
- 劝募员；
- 机要员；
- 秘书；
- 公关员；

- 收发员；
- 打字员；
- 速录师；
- 制图员；
- 后勤管理员；
- 行政执法员；
- 仲裁员；
- 人民警察；
- 保卫管理员；
- 消防员；
- 消防指挥员；
- 消防装备管理员；
- 消防安全管理员；
- 消防监督检查员；
- 森林消防员；
- 森林火情瞭望观察员；
- 应急救援员。

《中华人民共和国职业分类大典》（2015 版）对每种职业的含义都有清晰的解释，是职业生涯规划过程中在选择机会 / 平台时的重要参考。

科技的迅猛发展，以及人们需求愈发个性化的趋势，不断孕育着新职业。目前，我国的职业种类已经达到数千种。然而，在这个信息易于获取和更为透明的时代，你喜欢、适合、胜任的职业及其机会 / 平台和前景并非那么难以预测，关键是你要处理好你的理想职业同你所追求的生活品质之间的关系。也许你的理想职业不能给你带来可观的收入，而你又想获得更高收入才能带来的生活品质，那你就要认真分析你是能鱼和熊掌兼得，还是要做出取舍。职业生涯规划本身就是对人生选择的考验，决定权终究在于你自己！

职业生涯规划的制订与实施

通过测评，你应该对自己的职业兴趣、职业倾向、职业胜任潜力及机会和平台有了更清楚的认识。祝贺你，你现在可以开始制订自己的职业生涯规划了！

浓缩你的职业“精华”

根据以上测评结果，对你自己做出如下的“精华”总结。

你的职业“精华”示例

你的职业“精华”

3 个最突出的个人特质
1. ________________
2. ________________
3. ________________

3 项最佳通用能力
1. ____________
2. ____________
3. ____________

3 种与岗位相关的职业倾向
1. ____________
2. ____________
3. ____________

3 个最重要的价值观
1. ____________
2. ____________
3. ____________

3 个最喜欢的工作条件
1. ____________
2. ____________
3. ____________

3 个最大兴趣
1. ____________
2. ____________
3. ____________

3 项最高成就
1. ____________
2. ____________
3. ____________

3 个最不喜欢的工作条件
1. ____________
2. ____________
3. ____________

 职业生涯规划的制订

职业生涯规划是一个连续不断的过程。在此过程中，你必须审时度势地去适应外界的变化。变化不是你可以选择的，你做的选择只能是你是否愿意影响变化。我们很难预测未来，但我们可以通过设立目标来影响未来。

当今世界，就像歌中唱的“不是我不明白，这世界变化快”。你要做好随时调整目标的准备，因为已经没有永久的解决办法。

然而，规划需要有行动计划来支撑。不要急于看到规划对你的生活和工作的影响。职业生涯规划很可能对你今天不会有太大的作用，但会决定你明天所处的位置和能发挥的作用。

职业生涯规划示例

你的职业理想：____

____

____

____

你将采取哪些策略实现你的职业理想？

____

____

____

____

你的一年规划：

我期望在________行业，在____________________（何种规模或具体

某一家）公司或机构，就任________职位。

我期望的工作领域为______________________________________，负责__________________________________，有_______人向我汇报。

我期望通过__________________________________（取得什么成就）为公司做出贡献。年薪应达到________________。

我打算采取如下步骤实现以上的一年规划：______________________

____

____

____

____

____

职业生涯规划的实施

实施你的职业生涯规划时，至少需要注意以下几点：

第一，职业生涯规划虽然更多是你自己的事，但单靠你个人的力量是无法实现你的职业理想的。找一位成功人士当自己的导师，会大大加速你达成目标的进程。

第二，把目标和行动计划放在容易看到的地方，不断提醒自己要坚持不懈。保证至少每三个月检查你的行动进度。同时，你需要经常审视你的目标和行动计划，必要时做出调整。

第三，针对自己需要提高的方面，从课堂培训、自学、辅导与教练、行动学习等多种学习方法中找到最佳方法，行之有效地缩小与目标的差距。

第四，养成每三个月（至少每半年）对自己的职业满意度进行反思的习惯十分重要。职业生涯规划不是制订之后就一劳永逸的事情，需要不断检查、微调，必要时还可能做大手术。某世界知名公司有一项每季度都要开展的叫作“肯定个人尊严”（IDE）的员工调查。其中的一个问题：“您是否了解您的职业前途，并且它会令您鼓舞、切实可行而且正被付诸行动？”这就是提醒员工要不断思考自己的职业生涯和发展。

另外，你需要持续关注就业市场行情，建立与招聘公司、猎头公司等人力资源服务机构的联络和交流，了解别人在做些什么，并向他人征求意见和反馈，从而适时适当地调整自己的职业生涯规划。执着地追求自己的职业理想固然可贵，但这个世界似乎更需要那些有职业灵活度的人。

衷心地祝愿每一位职场人士能够尽早实现自己的职业理想！即使现在与理想的距离还有些遥远，也不必太心急，因为你今天制订的职业生涯规划已经把你带入了通向美好未来的正轨。还是那句话：一个人应该在现实中工作，在理想中生活。这样的人才是快乐和充实的！

思考

- 你是否真正喜欢、适合、胜任你目前所从事的工作？
- 你对自己的未来是如何规划的？对你而言，最理想的职业是什么？有信心实现吗？
- 你如何看待工作和生活的关系？你是否理解并会实践“在现实中工作，在理想中生活”这句话？

收获及行动计划

主要收获	工作和生活中 如何应用	怎样检验应用 （知行合一）的效果
1.		
2.		
3.		
4.		
5.		
……		

功夫二

职场必备礼仪

案例 1

一次，我到一个老客户公司调研，接机的是该公司老板的司机，同我已经很熟。司机接到我后向我解释，因为当天接待任务多，公务用车有限，所以老板还安排他迎接了比我稍早到达的另外三位客人，他们来自其合作单位、身处同一家公司并且已在车上等候。司机表示歉意，而我作为该公司的老朋友并不介意，倒是因让那三位客人等候而略感不安。

那辆车虽是宽敞的豪华轿车，但也只有两排座位。一位女士已坐在副驾驶的位子上，另外两名男士坐在后排的左侧和中间。我说着“抱歉”上了车，自然只能坐在后排的右侧。这时我发现，坐在中间的男士是一位长者，而坐在左侧靠门位置的是一个小伙儿。我赶紧要同那位年长的男士换座位，他不肯，那个年轻人也一声不吭。车开了半天，司机一直不说话，那三位客人也沉默不语。我实在忍不住了，用轻松的口吻招呼司机：“你也不给我们介绍介绍？”司机这才不好意思地解释道，其实他也不清楚那三位客人的具体身份，所以没敢介绍，他也未向这三位介绍我的身份。原来，坐在我身边的长者是单位领导，前排的女士和后排左侧的那个小伙儿都是下属。相互自我介绍后，一路的气氛自然就轻松随意了许多。

案例 2

还有一次，一位集团公司的领导带我参观其下属公司新建的厂房，由厂长和行政经理陪同，一位年轻的车间主管给我们讲解。参观完毕，集团公司领导建议在厂房外合影留念。那位年轻的车间主管很兴奋，马上站到了紧挨领导的中间位置。要不是行政经理提醒，他就准备这样同我们几个合影了。

从礼仪角度，这两个案例中存在什么问题？

案例 1

司机应该做到：

- 在接到我之前，了解三位客人的具体身份，以便向我介绍。
- 向客人说明我的身份。
- 如果没做上面两点，接我上车后，应说明由于时间紧张，来不及了解那三位客人的具体身份，把我介绍给他们后，让他们自我介绍，或者直接让我们相互自我介绍也可。

那三位同一公司的客人应该做到：

- 在我到达后，应向我征求座位的意见。当然，我肯定不会让那位唯一的女士去坐后排座位的。
- 长者理应坐在我的位子，那个年轻人应该坐在中间，我坐左边。

案例 2

尽管法律上讲究人人平等，但在工作场合，譬如这样同领导和客人一起照相，排位还是必要的，这就是职场礼仪！

礼仪是人类在长期共同生活和相互交往中逐渐形成的，为维系社会正常生活而共同遵守的基本道德规范，以风俗、习惯和传统等方式固定下来。礼仪的目的是体现人与人之间的友好和尊重。

对社会来说，礼仪是一个国家文明程度、道德风尚和生活习惯的反映；对个人来说，礼仪是一个人道德水准、文化修养、情商高低的外在表现。只要与人交往，就需要礼仪，职场当然不能例外。

本门功夫的要领

- 职业形象礼仪
- 口头沟通礼仪
- 书面沟通礼仪
- 与上级交往礼仪
- 与同事交往礼仪
- 与客户交往礼仪
- 工作用餐礼仪
- 手机使用礼仪

职业形象礼仪

一个人的外在形象由以下 3 部分构成。

- 语言和措辞。
- 语气、语调和语速。
- 身体语言。身体语言一般包括：
  - 容貌；
  - 发式；
  - 眼神；
  - 面部表情；
  - 穿着；
  - 站姿、坐姿、手势、步态和其他身体动作；
  - 个人卫生；
  - 社交距离。

一个人的精神面貌和情绪状态，最直接体现于身体语言，其次为语气、语调和语速，最后才是语言和措辞。因此，职业形象礼仪培养的 3 部分按优先级由高至低排序为：身体语言，语气、语调和语速，语言和措辞。

一个人的职业形象不仅代表其个人形象，也不同程度地代表着其所在组织的形象。职场人在追求个人形象品位的同时，也必须符合其组织的职业形象要求，包括对言谈举止和仪容仪表的要求。

既然礼仪的目的是体现人与人之间的友好和尊重，职业形象礼仪当然也应以体现友好和尊重为出发点。

身体语言礼仪

容貌

一个人的容貌是爹妈给的，除非整容或人为破坏，很难改变。天生丽质当然幸运，但漂亮不代表修养。俗话说：“一个人不因美丽而可爱，而是因可爱而美丽。”其貌不扬不可怕，因为身体语言还有那么多方面等着你施展魅力！

但保持面部的整洁是必须的。男性不能胡子拉碴，女性应学会针对不同场合化妆。口腔、牙齿要保持清洁。

发式

- 留一个适合你脸形的发式。
- 除艺术类以外的职业男性不宜留长发。
- 职业女性留长发，也应将发式修饰得给人以清爽干练的感觉。

眼神

眼睛是心灵的窗户。一个人的自信和友好，首先由眼睛传达。一双炯炯有神的眼睛，给人带来欣喜和力量。保证好自己的休息和睡眠，让目光总能透射出正能量。

面部表情

不要吝啬微笑。倾听时注意同诉说者应和，表现出关注。明白了要点头，不明白可以皱眉，对方生气或着急时你要显示出耐心。当然，如果对方突破了尊重的底线，你有权提醒对方情绪平稳或恢复理智后再来沟通。

穿着

如果组织没有统一制服，你也要符合组织的着装要求，关键是要适应交往对象和场合。例如，访问其他组织时，着装要符合对方的习惯；参加庆典时，着装就可能需要隆重但不失活泼。注意服装颜色的搭配。职业装的颜色通常不要超过 3 种。

职业男性着装应注意的重点包括：

- 穿西装一定要合体；袖口外面的商标一定要取下；西装上衣和裤子的口袋里不应放鼓出的东西；衬衫领口和袖口应长于西装上装领口和袖口 1～2 厘米；衬衫里面的内衣领口和袖口不能外露。
- 正装皮鞋一般都带鞋带；穿正装和皮鞋一定不能穿运动袜，尤其是白色的；袜子的颜色应与裤子或皮鞋的颜色相近；袜子的长度应及小腿肚；袜子的质地要与裤子和鞋相配。
- 穿西装进行正式发言时，一定要扣上上衣一个扣。
- 穿正装一定要搭配简洁大方的正装皮带，皮带颜色应同皮鞋和手表表带的颜色相协调。
- 不打领带时，衬衫最上面的扣子应解开。
- 穿短袖衬衫不宜打领带。

职业女性着装应注意的重点包括：

- 注意服装同肤色的搭配。
- 服装不能过于暴露，尽量符合“不露肩膀、不露膝盖、不露脚趾”的“三不露”原则。

- 鞋跟不宜过高。
- 饰品以不超过 3 件为宜，避免夸张。耳环不宜太长太大。
- 手提包要讲究质感，要与服装颜色协调。千万不能把包塞得满满的。

站姿、坐姿、手势、步态和其他身体动作

俗话说，站有站相，坐有坐相。站就站得挺拔，不懈怠；坐就坐得踏实，别紧张。手势不在多，而在有力。步态不用急，要显示出稳健。别人发言精彩之处和结束之时，要报以真挚热情的掌声。身体动作的协调自然体现你自信的精神面貌和乐观的情绪状态。

个人卫生

仪容仪表整洁不仅是对自己负责，也是对他人最起码的尊重。头发、面部、衣领、指甲、鞋袜、体味等都不应给人带来不整洁的感觉。着装原则上每天都应变换，至少应有变化。

社交距离

与他人面对面沟通时，注意同对方身体的距离：

- 距离≤0.5 米——亲密距离，适合关系亲密者之间。
- 0.5 米<距离≤1.5 米——常规距离，适合日常的沟通交流。
- 1.5 米<距离≤3 米——相识距离，适合刚刚认识还不熟悉的人之间。
- 距离>3 米——公共距离，适合公共场合，尤其是与陌生人之间。

口头沟通礼仪

语气、语调和语速礼仪及语言和措辞礼仪属于口头沟通礼仪。

语气、语调和语速礼仪

- 语气要平和，不要强势。
- 语调要抑扬顿挫，帮助对方抓重点。
- 语速要适中，让对方能够跟上你的思路。

语言和措辞礼仪

- 使用礼貌的寒暄和称谓。
- 使用对方容易接受、理解的语言和措辞。
- 注意对方的面部表情和身体语言，及时确认对方的理解程度。
- 适当提问，检验对方的接受程度。

书面沟通礼仪

当今职场常用的书面沟通方式无外乎互联网和电子通信工具，如电子邮件、QQ、微信、手机短信。这些工具当中，电子邮件最正式。在与他人用这些电子通信工具进行书面沟通时，应注意以下礼仪:

- 注明沟通主题。电子邮件的主题项一定不能为空。
- 收到与工作相关的信息后，要及时回复，或者说明最终答复时间。因休假或出差而不便接收或及时回复邮件时，务必启动自动回复功能，说明紧急联系方式。
- 用 QQ、微信或短信与人联系时，不要想当然地认为对方一定知道你是谁，还是应该注意称呼对方并留下自己的姓名。
- 在微信群中发言，除非事前约定你是语音主讲人，多数情况下尽量采用文字形式，但一定要注意措辞，避免误解。在群中的讨论发言应多谈工作进展、具体问题和建议等“事”的方面，少谈个人思想、情感等因素，因为这些因素更适合微信私聊或面对面沟通。

与上级交往礼仪

与上级交往的原则：方便上级，维护威望。

与上级见面礼仪

- 不要主动与上级握手，等候上级先伸出手。
- 与上级握手时，为表示特别尊重，可用两手去握，但要注意时长。
- 合影留念时，听从负责接待的工作人员的站位安排，不要擅自找位置。这就是我在案例 2 中提到的情况。

与上级沟通礼仪

- 不与上级发生正面冲突。即使不同意上级的观点，也不要当着他人的面指出来，除非会议主题就是意见发表且不计较方式。可与上级私下交流自己的看法。
- 上级说话时，下级不要插话。
- 被上级询问意见和建议时，如果没有任何想法，可直接表明；如果想法不成熟，在声明的同时，把自己的想法自信地表达出来，不要支支吾吾，否则还不如不说；如果想法已较成熟，就更要清楚有力地表达出来。态度一定要积极正面。

与上级一起乘车礼仪

- 乘坐轿车原则：方便下车第一，安全乘车第二，尊重习惯第三。
  - ➢ 乘坐轿车时，一般来说后排与司机形成对角的座位为尊位，既方便下车，又比副驾驶的位置安全。因此，上级（或长者）通常应坐在这个位置。轿车的位置排次如图 2-1 所示。这就是案例 1 中我提出让座位的原因。

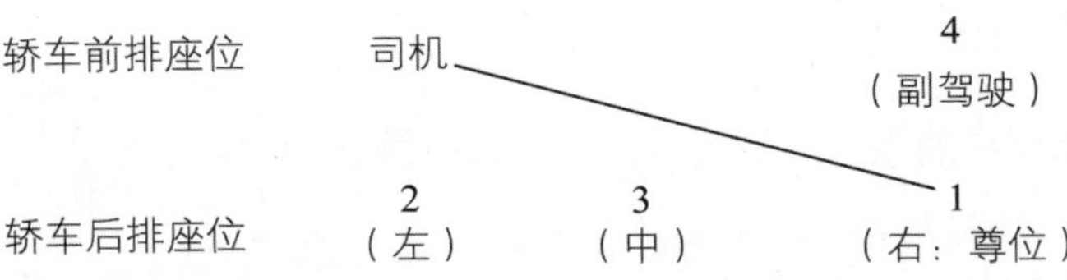

图 2-1　轿车的位置排次

- 上车时，司机或级别低的工作人员，应在保证上级进入车内后再上车。
- 若是上级亲自开车，下级应该坐在副驾驶位置，便于同上级交流。
- 坐在后排座位的上级若未提出让下级坐到他身边，下级不应主动坐到后排座位，而应坐在副驾驶位置上。
- 下车时，若有迎接人员，下级应等待迎接人员为上级打开车门，上级下车后下级再下车。若无迎接人员，下级应先下车，为上级打开车门以方便其下车。这一点关键要体现“突出领导”。
- 某些政务场合，为保护政府要员或贵宾，会把安全乘车放在第一位，那么此时轿车司机后面的座位就为尊位。
- 尊重习惯。若上级自己选定座位，下级也不用强求上级按座次落座，应尊重上级的选择。

- 乘坐面包车原则：安全乘车第一，方便下车第二，尊重习惯第三。
  - 乘坐面包车，司机后面的位置为尊位，下车时通常车内的工作人员负责开门，然后向后避让，让上级先下车。
  - 上车时，若无欢送人员，先让上级上车；若有欢送人员，下级人员应先上车，上级与欢送人员话别后再上车。
  - 尊重习惯。若上级自己选定座位，应尊重上级的选择。

与同事交往礼仪

与同事交往的原则：与人为善，合作共赢。

与同事共事礼仪

- 配合同事的工作，不应以感情亲疏为指导，而应努力做到一视同仁。
- 对同事的困难或问题，在力所能及的范围内提供最大帮助，成人之美，而非落井下石。
- 对同事与你书面或口头沟通的事，应及时给予回复。
- 答应同事的工作应说到做到。

与同事开会礼仪

- 准时出席会议，体现你尊重他人时间。
- 发言注意时间，不要滔滔不绝而不给别人说话机会。
- 对同事的发言，要认真倾听，并给予身体语言（尤其是面部表情）的回应。不要随意打断。
- 对同事的好观点表示赞赏。如有不同意见，平和地提出。
- 不吝啬掌声。

与客户交往礼仪

与客户交往的原则：不卑不亢，平等互利。

与客户见面礼仪

- 上门拜访客户一定要预约，且一定要如约准时到达。
- 初次见客户应主动自我介绍。
- 若客户对象为女士，不要主动握手，而是等候对方伸手。
- 主动递送名片。将名片双手正方向递送给对方。
- 接到对方名片后，要认真看一看，然后放好，给人以尊重的感觉。千万不能将收到的名片随手放在一边，以免将名片落下，那样将会极为尴尬。
- 如果对方没带名片，要客气地征求其是否方便留微信、电话或其他联系方式的意见。
- 如果客户来你所在的企业做客，你应到门口或前台迎接。乘电梯时，你应先进后出，站在离电梯楼层按键近的位置，为客户上下电梯控制按键。

接听客户电话礼仪

- 电话铃响起要尽快接听，铃响最好不要超过三声，超过三声后接听，要说“抱歉”。
- 电话应设置留言功能，便于客户与你保持口头沟通。对客户留言要及时回复。
- 对客户交代的事宜要做好记录，对重要事宜应通过书面方式予以确认。

工作用餐礼仪

- 同上级用餐时，上级未入席前，下级不应落座。

- 宴请客户时，最重要的客户代表应坐在主人的右侧，因为右侧为尊。
- 进食时，不要发出刺耳的咀嚼声。口中有食物时切忌说话。
- 吃西餐要学会用刀叉。通常有多副刀叉在餐盘两侧依次摆放，根据上菜的顺序，由外侧向内侧使用刀叉。用完每道菜后要将使用过的刀叉同餐盘一起收走，再使用新的刀叉。

手机使用礼仪

手机已经成为职场人必备的通信工具。手机的使用方式也相应成为体现一个人职业形象的重要方面。手机的使用礼仪包括：

- 个性化的铃声设置要符合本企业的文化习惯。铃声音量不要太高。
- 工作会面、开会、培训或其他集会场合应主动将手机调成静音或关机。
- 与人交谈时，不要看或摆弄手机。
- 未经同意，不能代别人接听手机。
- 开车时，佩戴耳机，需要长时间接听电话时应将车停在路边安全处接听电话。

如前所述，礼仪是一个人道德水准、文化修养、情商高低的外在表现。多数情况下，职场要获得成功，情商重于智商。本门功夫涉及的礼仪在职场最为常用，也是职场人应该掌握的职场礼仪。得心应手地运用好这些职场礼仪，会让你的职业发展之路更加宽广明亮！

思考

- 你怎样看待职场礼仪在你的职业发展过程中的作用？
- 你将如何更好地塑造你的职业形象？

收获及行动计划

主要收获	工作和生活中 如何应用	怎样检验应用 （知行合一）的效果
1.		
2.		
3.		
4.		
5.		
……		

功夫三

时间管理

李宗盛的这首歌《忙与盲》十分形象地描述了我们很多人的生活状态。

> 曾有一次晚餐和一张床，在什么时间地点和哪个对象，我已经遗忘，我已经遗忘……生活是肥皂、香水、眼影、唇膏。
>
> 许多的电话在响，许多的事要备忘。许多的门与抽屉，开了又关，关了又开，如此的慌张。
>
> 我来来往往，我匆匆忙忙，从一个方向到另一个方向。
>
> 忙忙忙，忙忙忙，忙是为了自己的理想，还是为了不让别人失望?
>
> 盲盲盲，盲盲盲，盲得已经没有主张，盲得已经失去方向。
>
> 忙忙忙，盲盲盲，忙得分不清欢喜和忧伤，忙得没有时间痛哭一场!

你忙吗？要是忙的话，能有多忙？忙得有目的，还是瞎忙？忙得心力交瘁，还是忙并快乐着?

你是否曾：

- 在下班回家的路上突然想起今天工作上还有一件事没有做；
- 给对方打电话，放下电话后突然意识到有一件该说的事却没说；
- 看到记在某张纸上的电话号码却不知是谁的，然后可能恶作剧地把电话打过去，听到是谁后马上把电话放下；
- 认为计划赶不上变化；
- 给对方递名片时，突然意识到仅剩的两张名片上还记着别人的联系信息；
- 记不清把信息记录在哪里了；

- 被别人说你的办公桌太乱；
- 想做一件事（如健身、谈恋爱、多与家人在一起），却总没开始或找不到时间去做；
- 答应了别人一件事，过了期限后你才想起来；
- 忘记了某个约会后，谎称自己生了病或亲属有病、住院甚至死亡。

看你有多少个问题回答为“是”。

- 0个：你的本门功夫很赞，可以跳过去学下一门功夫啦！
- 1～3个：你的时间管理水平很棒，但还有提升的余地。
- 4～7个：你的日子过得还不错，但你满足吗？
- 8～10个：你该好好学习时间管理这门功夫啦！

本门功夫的要领

- 时间管理的意义——本末兼顾
- 时间管理的原则——要事第一
- 时间管理的方法——集中统筹

时间管理的意义——本末兼顾

时间管理的实质是什么

很多人都认为，时间管理的意义在于让我们工作得更有效率。这确实是掌握时间管理技能的一大好处。然而，时间管理的本质并非如此。时间管理的根本是人生的自我管理。它应该是每个追求成功的人的必备素质。

那什么又是真正的成功呢？成功包含“效能”和“效率”两个方面。

“效能”是指一个人是否在“做正确的事”，即是否确立了适合他自己的正确的人生目标并为此行动。高效能的人也是感受到幸福的人！

“效率”是指“正确地做事”，即在实现目标的过程中是否采取了正确的方法并有效实践。

因此，时间管理不仅涉及“效率”，更要关注“效能”。只有这样，人才能真正体会到成功所带来的喜悦。“效能”为本，“效率”是末。

我相信，我们每个人都会于某时某刻或多或少地在内心深处探寻这样一个难解之谜：人活着到底是为了什么？我的人生价值何在？

既然“效能”为本，那么一个很自然的问题：你确立了适合你自己的正确的人生目标了吗？我们常常感叹：“说起来容易，做起来难！”我们都知道人活着应该有目标，这说起来确实容易；但到底怎样确立目标，什么样的目标才是正确的，的确是一个难题。

现实中人所追求的，往往不是内心呼唤的自我，而是攀比与虚荣。这样得来的结果，最多只是暂时的满足，更多的却是失落。你认识到自己真正的才能了吗？你知道如何运用这一（些）才能满足世界的需求吗？你若想成功，就从回答这些问题开始吧，否则你很难体会到“生命”的意义——这绝不是耸人听闻！

当你找到了这些问题的答案，你就开始有了目标——人生“效能”的起点。人生不是只有单一的色彩，而是万花筒。要实现你的目标，你需要关注人生的各个方面，这就是你的人生之轮（见图 3-1）。

《高效能人士的七个习惯》的作者史蒂芬·柯维（Stephen Covey）在研究并采访过大量的成功人士之后得出结论：真正成功和幸福（高效能）的人注重人生全面的修炼。

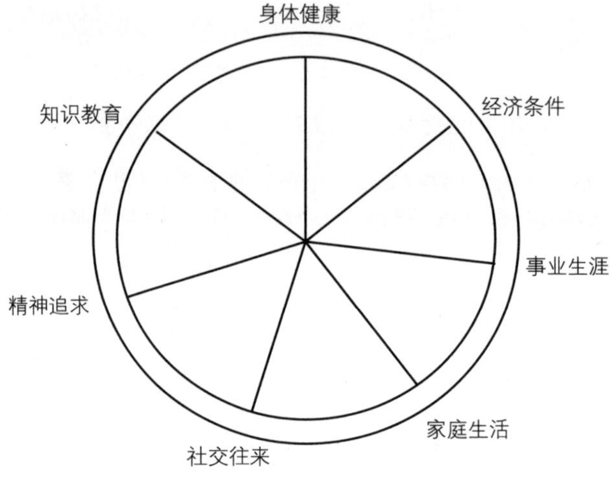

图 3-1　人生之轮

认真作答

- 请为自己目前人生的 7 个方面从最满意到最不满意排序。
- 你希望在哪些方面寻求更大的发展？
- 你为这几个方面树立目标了吗？

你对人生 7 个方面的关注程度，将决定你的人生效能的高低。

 高效能（成功+幸福）人士的 8 个习惯

这 8 个习惯是史蒂芬·柯维博士在他的两部经典著作《高效能人士的七个习惯》和《高效能人士的第八个习惯》中总结并倡导的。要想获得我们自己想要的人生，这两本书是再好不过的参考书，这 8 个习惯也是我们每个人应当坚持修炼的！

习惯一：积极主动

这一习惯代表我们具有独立的人格，这是因为人类拥有“选择的自由”。这一习惯也是我们个人成功的基础。我们纵然不能掌控客观环境，但我们可以决定对客观现实的反应。这是心理学家维克多·弗兰克尔（Viktor Frankl）通过亲身遭遇而得出的理论。他发现，“选择的自由”是人和动物的一个本质区别。举例来说，羊见了狼，会本能地逃命。而人见了虎，可以选择逃跑，也可以选择当武松，即在刺激与反应之间，人有选择如何反应的自由与能力。这种“选择的自由”是基于人类同时具备以下 4 种天赋：

- 自觉性，因此人可以有自知之明，知道自己能做些什么；
- 想象力，因此人可以树立愿景和目标；
- 意志力，因此人可以为实现目标而坚持不懈地付出努力；
- 良知，因此人可以知道自己的哪些作为是对人类有益的。

成功的人一定是充分发挥了这 4 种人类天赋的人。

习惯二：以终为始

这一习惯要求我们在行动之前应树立正确的目标，是我们行动的起点，关系着我们人生的效能。为什么太多人在得到了自己想要的东西时反而感到失落？这是因为我们常常在攀比和虚荣中奔波，未曾探明自己心灵深处的所欲所求：什么是我的生命中最重要的？我真正应该做些什么？只有确立了符合价值观的人生目标并为之努力，才有可能获得源自内心的充实和满足。

习惯三：要事第一

这一习惯是对我们行动过程的指南，也是时间管理的核心原则，关系着我们人生的效率。这一习惯和原则会在本门功夫的“时间管理的原则——要事第一”中重点讲解。

前 3 个习惯帮助我们实现个人成功，习惯四、五、六则帮助我们实现人际关系和团队的成功。

习惯四：双赢思维

这一习惯是团队成功的基础。世界之大，人人都有立足的空间，他人之得不必视为自己之失。资源虽然有限，但利人利己、和谐共赢的可能性可以是无限的。

习惯五：知彼解己

想要得到别人的理解，首先应理解对方——这一习惯是实现团队成功的必要方法。人人希望被了解，也急于表达，却常常疏于倾听。有效的倾听不仅可以获取广博、正确的信息，还有助于相互信任感的增强，从而巩固我们的人际关系。

习惯六：统合综效

这一习惯是团队成功的必然结果。全体大于部分的总和。我们在创建和激励团队、管理冲突和分歧、激发团队的创造力的过程中，只有敞开胸怀，以接纳的心态尊重差异，发挥协同效应，相互借势，才能圆满实现既定的目标。

习惯七：不断更新

这一习惯帮助我们保持和巩固成功。工作和财富的成功不是人生的全部，高效能的人生应当关注人生之轮。在这个变化极快的时代，只有不断学习、快速学习、拥有持续的创造力，才有可能让我们个人和团队发展壮大，才有可能不被这个时代所淘汰。

习惯八：找到心声

不仅找到自己的心声，也帮助别人找到他们的心声，然后去实现这些心声！这一习惯其实是对前 7 个习惯的总结和升华：人生就是不断找寻、明确和实现目标的过程，这就是人生的意义和价值！

8 个习惯都与时间管理密切相关：

- 习惯一要求我们树立正确的人生态度和时间观念；
- 习惯二要求我们行动前要首先有目标，保证做正确的事；
- 习惯三要求我们实现目标要有计划，保证正确地做事；
- 习惯四、五、六说明与人合作会使我们更有效率；
- 习惯七要求我们用时间管理关注好人生的各个方面；
- 习惯八要求我们将这些习惯作为我们一生的追求和修炼。

你的 8 个习惯怎么样？8 个习惯的养成必将提升我们的人生效能！效能提升之后，效率自然就成了我们的关注点。

 个人效率的 11 个方面

个人效率自我检测

请为自己的各项打分。如倾向左边的描述，分数为 1～5 分；如倾向右边的描述，分数为 6～10 分。

1．细节处理

我担心忘记细节。	1 2 3 4 5 6 7 8 9 10	我处理细节有条不紊。

2．条理性

我没有一套实现个人条理性的体系，我的办公室和公文包杂乱无章。	1 2 3 4 5 6 7 8 9 10	我有一套固定的方法和工具帮助我管理时间和信息。

3．主次安排

我做事不讲究顺序。	1 2 3 4 5 6 7 8 9 10	我做事讲究主次有别。

4．兑现承诺

我没有一套有效的方法帮助我记录和兑现我的承诺。	1 2 3 4 5 6 7 8 9 10	我有一套帮助我记录和兑现承诺的好方法。

5．对待拖沓		
拖拖拉拉是我的别名。	1 2 3 4 5 6 7 8 9 10	我有避免拖沓的有效方法。
6．别人的承诺		
我不擅长记住别人答应我的事。	1 2 3 4 5 6 7 8 9 10	我有一套跟踪别人承诺的方法。
7．计划性		
为将来打算？开什么玩笑！	1 2 3 4 5 6 7 8 9 10	我有计划未来的有效方法。
8．记录存档		
我没有记录的习惯。打过的电话、参加过的会议、来往通信都在我的脑子里。	1 2 3 4 5 6 7 8 9 10	电话、会议、通信及其他沟通文件都合理地记录存档。
9．应对打扰		
打扰经常误我的事。	1 2 3 4 5 6 7 8 9 10	我有减少和控制打扰的有效方法。
10．桌面管理		
我的桌面杂乱无章。	1 2 3 4 5 6 7 8 9 10	我的桌面整洁有序。
11．后续跟踪管理		
要记的事太多，我简直无法专心手头的工作。	1 2 3 4 5 6 7 8 9 10	我有将工作和承诺按时完成的有效方法。

11 项当中你的分数偏低的项目，就是你在时间管理效率方面需要提升的重点。

工作效率与个人效率

对多数职场人来说，除了睡觉，大部分时间都在工作中度过。一个人对工作的态度从很大程度上反映其人生效能的高低。工作效率则往往代表了个人的生活效率。

影响一个人工作效率的原因主要有以下4个方面:

- 自身因素，如缺乏计划、时间观念不强、追求完美、不愿委托或授权等。
- 组织因素，如绩效管理等制度不健全、沟通不畅、文山会海等。
- 环境因素，如突发事件多、应酬多、同事时间观念不强等。
- 技术因素，如缺乏科学的时间管理方法和有效的时间管理工具等。

问题

- 影响你的工作效率的因素有哪些?
- 你如何对待组织因素和环境因素?

我们一定能改变的是自身因素及找到适合自己的时间管理方法和工具。时间管理能够帮到你的也正是自身和技术两方面的因素。

掌握时间管理的意义

- 明确“成功”与“效能”对你来说的真正含义。
- 运用正确、有效率的方法和工具实现自己心目中的成功。

时间管理的原则——要事第一

一个经典的时间管理游戏

桌上放有两个大小相同且类似水盆的容器和六七块大小不一的石头。其中一个容器盛有一大半的细沙，另一个容器是空的。现在让你把所有石头和细沙都放到那个空的容器中，但条件是细沙和石头都不能冒过容器的顶端平面，你会怎么做?

有的人会先把细沙全倒入空容器，然后费了九牛二虎之力也无法将所有石头都塞进细沙从而完成规定的任务。

可如果你先把所有的石头都放进空容器，再倒入细沙，你会发现在摇一摇、抹一抹之后，轻而易举地就完成了任务。

在这个游戏中，容器象征着什么？细沙象征着什么？石头象征着什么？这个游戏又说明了什么？

容器象征着我们每个人有限的时间，不管是一天也好，或者一生也罢。细沙象征着那些每天纠缠着我们的、似乎永远也忙不完的、紧急的琐事。石头象征着那些与人生 7 方面相关的、关乎我们人生效能的、重要的大事。这个游戏说明，倘若我们总先忙琐事，那么就很难成就大事。而如果我们能做到要事第一，那么处理起琐事来也会游刃有余。

事务 4 分类

事务依重要性与紧急性可分为 4 类，如图 3-2 所示。

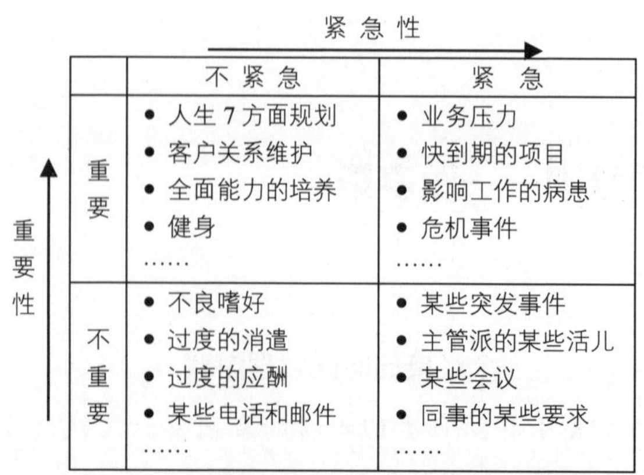

	不紧急	紧急
重要	• 人生 7 方面规划 • 客户关系维护 • 全面能力的培养 • 健身 ……	• 业务压力 • 快到期的项目 • 影响工作的病患 • 危机事件 ……
不重要	• 不良嗜好 • 过度的消遣 • 过度的应酬 • 某些电话和邮件 ……	• 某些突发事件 • 主管派的某些活儿 • 某些会议 • 同事的某些要求 ……

图 3-2　事务依重要性与紧急性进行分类

我们每个人对这 4 类事务都会有自己的判断。但不管怎样，我们在现实中却常常落入这样的俗套：首先处理那些紧急的事务，即首先关注细沙；等有了时间才想到那些石头，即重要的事务。

重要性与目标有关，凡有价值、有利于实现目标的就是要事，而紧急之事往往是对别人重要而非对自己重要。

紧急且重要的事务——一定要减少

当我们过多地或被迫处理紧急之事时，那些重要但不紧急的事务迟早会变得紧迫，使我们陷入“救火队员”的模式之中，似乎永无宁日，也体会不到游刃有余的境界。

显而易见，要想减少这类事务的比例，平时你必须首先关注重要但不紧急的事务。

紧急但不重要的事务——可以委托或授权

我们会感到忙而无功，原因往往就在于我们把大量的时间都花在了这类事务上面。

主管临时派的某些活儿就可能属于这一类事务：对主管来说重要，对你只是紧急。这里帮助你实现人际关系和团队成功的高效能人士的习惯四、五和六就会发挥作用了。倘若你的人际关系很差或委托授权的能力欠缺，那你只能独自忍受这类事务。而如果你的人缘好，你就可以找人帮你来处理这类事务。

当然，委托或授权不是倒垃圾，绝不能让对方感到你是把自己不爱干的事推给别人。高明的委托或授权是让你拥有更多的时间关注重要但不紧急的事，而又让被委托方或被授权方感到你对他的重视和承担该项工作的价值，因为紧急之事往往是对别人重要而非对自己重要。

不紧急也不重要的事务——尽量放弃

这类事务往往与你难于戒掉的习惯相关，譬如有求必应、沉迷于网游、泡吧等。我们常说积习难改。改变习惯真的那么难吗?

行为学的研究表明，如果坚持21天，你就很可能改变或养成一个新的习惯。当然，这21天中，你需要经历如下过程。

第1～14天：感到别扭。

第15～17天：可以自觉地去做了。

第18～20天：感觉做起来舒服了。

第21天：变得自动了！

曾经有一位女学员听到这“21天”的说法后，按捺不住内心的激动，同我们分享她的一个经历。她说自己是一个特好吃的人，所以过去总觉得用右手拿一双筷子吃饭不过瘾。她有一天立下志愿，一定要在吃东西时能做到“双筷齐下”，所以她就开始练习用左手吃饭。头两周真的很别扭，但过了两周后就开始有些习惯了。到了第三周结束，真的变得熟练自如了！现在只要一个人吃饭时，她绝对就是左右夹攻！

习惯不一定难改。难的是坚持！

重要但不紧急的事务——需要我们最为重视

这类事务就是人生中的大石头！人生之轮中的7个方面都属于这类事务。它们最关乎人生的效能。你每天的生活都应围绕它们来展开。这样一来，生活和工作的优先顺序是不是就出来了呢?

生活和工作的优先顺序

- 把主要经历和时间花在重要但不紧急的事务上；
- 减少那些紧急且重要的事务；
- 把紧急但不重要的事务合理地委托或授权；
- 杜绝不紧急也不重要的事务侵占你的宝贵生命！

时间管理的方法——集中统筹

常用时间管理手段

- 效率手册之类的纸质工具。
- Outlook、Lotus Notes、手机备忘录、用于时间管理的 App（应用程序）之类的电子工具。尽管电子工具是办公现代化的体现，但它时常并不像纸质工具那么方便。

我接下来介绍的工具——“效能效率年册”，将以上两类代表性工具的精华浓缩其中。熟练运用这套工具，会大大彰显你的职业化水准。

以终为始

来这样做计划吧：

- 年年有目标；
- 月月做总结；
- 计划周落实；
- 活好在当下！

年年有目标

首先从目标开始。每年伊始都应对人生7方面设定年度SMART（具体的、可衡量的、可实现的、相关联的、有时限的）目标。例如：

- 事业生涯在一年内取得什么成果；
- 在知识教育方面，读哪些领域的书，读多少本书；
- 体重保持在什么范围之内（身体健康）；
- 在财务方面，做什么改变（经济条件）；
- 在人脉方面，结交什么样的朋友（社交往来）；
- 家庭上注重哪个方面；
- 在哪些爱好上要见成效（精神追求）。

把你最重要的人生目标放在首位。放下眼前的事，屏息静气凝神于你的激情所在，这是世界中最需要你去为之奋斗的。譬如我自己，生活的经历让我发现“影响他人”是我的一大才能，因此，培训、咨询和教练便成了我的人生的一项使命。当然，我还有许多其他与“影响他人”这一才能相关的梦想，如写作，这些都是我的激情所在，那么我的人生目标便会围绕这些主题展开。

最重要的目标是你无论如何都要去拼力实现的。同时，你也不要忽视人生的其他方面。这就是说，一旦确定好你最重要的目标，你还需要对人生的其他方面做出计划和安排。譬如，今年，我的最重要目标主要与事业和家庭有关，然后我就会考虑，在精神追求、身体健康、知识教育、经济条件和社交往来方面需要做些什么。

月月做总结

行动时，切忌闷头前行而不会驻足反思。每个月（至少每个季度）都应该对行动进行总结和反思。

计划周落实

请抢答：一周有多少小时？

这个问题为什么重要？因为目标是以周为单位落实的，人生 7 方面的目标很难在一天内都落实。时间管理就是看你的人生之轮如何在每周的 168 小时中运转。

工作作为一个人事业生涯的主要形式，通常会和身体健康的重要组成部分——睡眠一起，占据我们一周 168 小时中至少一半的时间。有不少职场人每周光在工作上花费的时间可能就达六七十个小时之多。加上睡觉，自己每周可支配的时间可能就剩下了五六十个小时。全面关注人生的 7 方面确实就成了挑战！怎样分配余下的时间在身体健康、理财（经济条件）、家庭生活、知识教育、社交往来、精神追求这些对人生同样很重要的方面？如果很难全面关注，你能否将 7 方面中的首要或主要目标实现到位？

活好在当下

把握好每一天，将每天的日程落实、执行好！

每年年终，你是否像一首歌的歌词那样“这一年总的说来高兴的事挺多。家人不错，朋友不错，自己也不错……身体不错，工作不错，心情也不错”？自己最重要的目标完成得是否不错？人生的其他方面是否也关注得不错？每周都有计划吗？每个月都有反思吗？每天过得充实快乐吗？新的一年，你的使命明确吗？你的激情仍在燃烧吗？人生之轮依旧是指引你前进的罗盘吗？

与时间管理工具相关的最重要的 5 个概念

不是夸张，以下 5 个概念，可以涵盖我们人生中所有要做的事。我向大家介绍的“效能效率年册”，其实有助于管理这 5 个概念，也就是管理你要做的所有的事，从而将你的计划真正落实。

- 约见：日期已经确定，有明确的开始时间，一般也有结束时间，如会议、培训、接机等。
- 活动：日期已经确定，但没有规定开始时间，优先度可由自己确定，如写报告、电话通知、发邮件等。
- 未来活动：未确定明确日期的一般为一周以后的约见或活动，如你今年年假何时休、怎么休还有待安排，这就算未来的活动。
- 对别人的承诺：不一定有开始时间，但成果交付有期限，如项目经理承担的工作。
- 别人的承诺：别人向你交付的成果有期限。

有人可能问上学算什么？上学属于约见。开学有日期，放假也有日期；上学有时间，放学也有时间；入学有期限，毕业也有期限。

做梦是什么？如果你不知道什么时候做梦，那是未来活动；如果你想今晚做梦，那是活动；如果你想一睡着就做梦，那是约见。

我说的没错吧，人生中几乎所有的事都可以被这 5 个概念所涵盖。

时间管理体系的两个层面

- 时间安排：每项工作活动发生的时间和所需要的时间。
- 信息管理：与每项工作活动相关的信息从何处查找或归档于何处。

时间管理体系是帮助你规划和记忆活动与时间安排及有关信息的一套固定系统，应包括以下两套工具。

- 时间安排工具：日历、每日时间表、每日活动表、甘特图（一种项目管理工具）等。
- 信息管理工具：计算机硬盘、移动硬盘、光盘档案、纸文件档案、移动电话、会见记录单等。

时间管理的具体方法

1．每年制订目标

工具：人生之轮 7 方面。

7 方面的 SMART 目标是什么？哪些是首要和主要目标？哪些目标的重要性相对在后？这样排序的原因明确吗？

2．每周制订计划

工具：周计划。

将人生 7 方面的计划分配到每周 7 天 168 小时中去落实。

3．未来活动安排

工具：日历（大概估计日期，填写在估计日期的月份之下）。

4．约见、会议安排

工具：日历。

5．每天的安排

工具：我开发的“每日安排表”（见附录 3-1）。

这一工具的特点：

- 可以用 A4 纸自己拷贝。
- 自己填写日期，灵活、经济。
- 管理时间的维度全面周到，且一目了然。

- 在每日下班前计划第二天的工作。
- 首先将日历中的约见和会议填入时间表 （见附录 3-2）。
- 将活动按优先性分成 A、B、C、D 类：
  - A 类——紧急且重要。
  - B 类——重要但不紧急。

  - ➢ C类——紧急但不重要。
  - ➢ D类——不紧急也不重要。
- 估计每类活动应花的时间（见附录3-2）:
  - ➢ 工作不是干了算，而是应该算了干！
  - ➢ 对事讲效率，对人讲效果：谈事（如工作计划、进度、总结、项目安排等）可以将时间卡得死一点，当涉及情感、人员发展等人的思想问题时，留的时间余地就要大一些。
- 将活动穿插到约见和会议的间隙内（见附录3-2）。
- 第二天上班后根据临时变动可对活动优先性做适当调整。
- 每天的工作安排：首先处理A、B类，然后是C类，努力完成D类，避免拖延。

6．别人的承诺

工具：每日安排表中“别人的承诺”部分。

譬如，当有人向你承诺某日为上交任务的期限时，你就可以直接填写一张该日期的每日安排表，并将责任人和应交付的工作记录在对应的栏中。到了该日期，这一记录就会给你提醒，从而省去你用脑子记忆的负担。

7．对别人的承诺

工具：可能运用到以上所有工具。

因为你给别人的承诺，如项目管理，可能包括约见、活动、未来活动和别人的承诺。

8．每个月（至少每季度）要做反思回顾

工具：成绩总结表。

9．集中统筹

将以上所有工具集中在一册中，形成自己的人生“效能效率年册”。

效能效率年册

- 人生之轮——帮你设定一年各方面的目标。
- 日历——帮你记录约见、未来活动。
- 每月的一摞“每日安排表”。
  - 第 1 页：月目标、周计划。
  - 从第 2 页起至倒数第 2 页：每天一页“每日安排表”——帮你记录和计划当天的约见、活动、当天到期的别人的承诺和为兑现你对别人的承诺而应做的事。
  - 最后一页：月度“成绩总结表”——帮你回顾、反思。
- 重要联络信息。
- 重要任务沟通记录。
- 其他你认为重要的信息记录（如重要的纪念日、重要的卡号等）。

运用时间管理工具的好处

- 工具帮你记忆，从而减轻心理、思想和头脑的负担。俗话说：“好记性不如烂笔头！”
- 帮你轻松有序地完成任务，实现人生的各项目标。

怎样应对打扰

打扰的来源：5P

- 人（People）：同事、上级。永远不要把客户当成打扰，而要把客户当成机会！
- 电话（Phone）。
- 公文（Paper）：信件、与自己无关的电子邮件、文件、没用的名片等。

- 自我（Personal）：开小差、聊天、打私人电话等。
- 视力所及的环境（Peripheral Vision）：乱贴的小黄签、太漂亮或太杂乱的办公室、办公桌周围堆放的杂物。

应对打扰的方式

- 拒绝：不要有求必应，而要学会善意地拒绝。
- 推迟：帮助对方认清主次，适当推迟。
- 减少：为对方限时。
- 阻止：规定不受打扰的时间和情况。

要想避免打扰且不得罪别人，你就必须实践高效能人士的习惯四、五、六，从而让你的“情感账户”充实、圆满！

怎样应对“人”的打扰

- “谁”经常打扰？
  - ➢ 同他们沟通，说明自己的工作方式。
  - ➢ 同他们一起探讨如何做好时间管理。
- 经常因为“何事”打扰？
  - ➢ 如果无书面说明，制作出来，书面说明要简明易懂。
  - ➢ 再因此受到打扰，先让对方自己阅读说明，不明白再来找你。

怎样应对“电话”的打扰

- 尽量设置留言电话。
- 不要一有电话就接，每天要有至少 1 小时的时间连续专注于重要但不紧急的工作。
- 可以留出一段时间回复电话。

怎样应对“公文”的打扰

- 公文的分类如下。

- ➢ 活动性公文：需要你采取应对行动的公文。
- ➢ 信息性公文：已处理完需要存档的公文。

问题：办公桌上的客户名片是什么公文?

答案：如果你需要用这张名片马上与该客户联系，则此时该名片为活动性公文。联系过后，该名片就成了信息性公文。

- 电子邮件应按事务 4 分类的优先顺序处理。
- 办公桌上只留活动性公文，给信息性公文找个“家”——存档。
- 存档的原则如下。
  - ➢ 一般需要存档的文件是公司所有文件的 10%。
  - ➢ 根据公司要求，该存档的存档。
  - ➢ 无章可循的分批存档：过一段时间（一般为一个月）决定是否需要存档。
  - ➢ 能用电子版文档存档，就不要用纸质文档。
  - ➢ 需要经常用的文件，最好有纸质文档。
  - ➢ 对存档的文件可注明销毁日期。

怎样应对“自我”的打扰

- 增强时间观念，应用时间管理方法管理好自己的时间。
- 当然，适当的“自我”打扰也是休息的一种方式，但千万不要因此而打扰了别人。

怎样应对“视力所及的环境”的打扰

- 改善时间管理的第一项切实工作——整理你的办公桌！
  - ➢ 活动性公文是否放在“来件篮”和“发件篮”中?
  - ➢ 计算机屏幕周围还贴有用于提醒的黄签纸（即时贴）吗?

- ➢ 信息性公文是否还在桌面上？
- ➢ 哪些信息性文件需要存档？哪些需扔掉？
- ➢ 哪些需要保留一段时间再决定是否存档？有地方保留这些文件吗？
- ➢ 名片是否分类易找？
- ➢ 办公室、桌面是否成了“视力所及的环境”的打扰？

- 职业化的办公桌干净整洁，一般具备以下核心物品就够了。
  - ➢ 电话。
  - ➢ 电脑。
  - ➢ 常用文具。
  - ➢ 活动性文件（来件篮、发件篮）。
  - ➢ “效能效率年册”。

管理好你的时间吧，让你的人生之轮转动得更加精彩！

思考

- 本书中涉及的各门功夫与高效能人士的 8 个习惯之间的关系如何？
- 你有年度人生目标和规划吗？
- 你人生中的“大石头”包括哪些？你如何将这些“大石头”安排在你的年度规划中并将其目标付诸实施？
- 你工作中的“大石头”是什么？你将如何处理它们与“细沙”之间的关系？

收获及行动计划

主要收获	工作和生活中 如何应用	怎样检验应用 （知行合一）的效果
1.		
2.		
3.		
4.		
5.		
……		

附录 3-1　每日安排表

_______年____月____日

时间表			
6:30		13:00	
7:00			
		14:00	
8:00			
9:00		15:00	
10:00		16:00	
11:00		17:00	
12:00		18:00	

活动				
序号	优先度	估计花时间	活动	完成情况

别人的承诺	
责任人	应交付的工作

附录 3-2　每日安排表示例

______年___月___日

时　间　表		
6:00	起床	
6:30		
7:00	游泳	
7:30		
8:00		
8:30		
8:40		
8:50		
9:00		
9:10		
9:20	与客户 K 进行电话会议（K 文档）	
9:30		
9:40		
9:45	1	
9:50		
9:55	2	
10:00		
10:05		
10:10	与员工 C 谈项目 J 的进展（J 文档）	
10:15		
10:20		
10:25		
10:30	3	
10:35		

别人的承诺	
责　任　人	应交付的工作
孙晓	上半年与供应商的合作状况报告
陆洪涛	大客户管理改善建议
齐辉	“互联网思维与应用”培训学习总结

活　　动				
序号	优先度	估计花时间	活　　动	完成情况
5	C	20 分钟	给刘先生打电话（6515-5960）（传真文档）	
2	A	5 分钟	让吴小姐订明天的飞机票、订车	
7	D	20 分钟	同王峰谈项目 M 的初步方案	
6	C	45 分钟	写项目 D 的报告（D 文档）	
1	A	10 分钟	给客户 W 发电子邮件回答他的问题	
3	B	15 分钟	给同事 T 帮他修改的文章（文件发出篮）	
4	B	5 分钟	将护照交给人力资源张小姐	

功夫四

压力管理

随着生活节奏的日益加快及职场竞争的日益加剧，现代人的压力感似乎也越来越强烈。每个人都或多或少地感受着压力对自己身心的影响，却时常感到自己的压力来源不可名状，更不清楚如何健康有效地排解那些令人心力交瘁的压力。

没有压力的世界是不存在的。压力管理的目的不是帮你消除压力，而是帮你认清压力来源，正确对待压力，并学会排解有害身心健康的压力，将压力变为动力。

本门功夫的要领

- 你的压力源
- 影响对压力的反应的因素
- 压力管理的治标方法
- 压力管理的治本方法

你的压力源

什么是压力

压力是一个人的身心对外界变化的紧张反应，具有主观性、评价性与活动性的特点。压力的主观性是指同样的事件对不同的人所引起的压力状况不同。压力的评价性是指个体对压力会产生好坏的看法。压力的活动性是指压力的大小或强弱。

压力的来源

诸如破产、失业、重病、失恋、离婚、丧偶等危机和挫折事件当然会给人带来极大的精神压力，但这并不是职场人士最普遍的压力来源。他们的压力更多来自以下 3 个方面。

- 工作负担：任务重、工作忙、应酬多、承诺过多等。
- 经济负担：贷款、债务、子女教育、赡养老人等。
- 精神负担：对他人评价的关注、对自己过高的期望、对前途和未来的迷茫、攀比、虚荣、人际关系紧张、同事之间缺乏信任、沟通不畅等。

除以上所列的各种负担会给人带来压力以外，其实乐事、单调与清闲同样可以给人带来压力。乐事如结婚、怀孕、生子、乔迁、晋升、毕业等；单调与清闲如过于轻松或一成不变的工作、过长的假期等。你是否也感受过这些“好事儿”带来的压力呢？

压力的信号

一个人是否面临压力，可从他的情绪、心理、生理和行为反应中体现出来。

情绪反应：紧张、敏感、多疑、不稳定、焦躁、烦恼、忧虑、难以放松、恐惧、抑郁、悲伤、愤怒、沮丧等。

心理反应：注意力不集中、应变力下降、判断力变差、记忆力减退、自信心降低、分析抉择能力减弱等。

生理反应：失眠、血压升高、呼吸加快、心动过速、消化不良、身体酸痛、疲劳不振等。

行为反应：抱怨、争执、挑剔、责备、哭泣、暴力、攻击、酗酒、坐立不安、依赖、敌对、昏睡等。

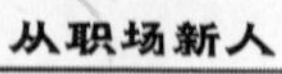

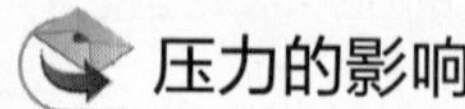

压力的影响

生理学家发现，压力会使大脑分泌一种叫去甲肾上腺素的激素。适度的压力会令这种激素少量分泌，对人体健康有利，甚至会成为个人前进的动力。压力成为动力当然是最理想的结果，但人所能承受的压力毕竟是有限的。压力过大，去甲肾上腺素就会分泌过量，逐渐呈现像蛇毒一样的危害性，让脑部肌肉收缩，血流不畅，从而破坏身体的良性运转。

压力对个人工作的负面影响主要体现在：

- 工作效率降低；
- 对工作缺乏兴趣；
- 与上下级或同事的关系不良；
- 工作失误增加；
- 由非疾病导致的缺勤增加；
- 病假次数增加。

压力对个人生活的负面影响主要体现在：

- 出现失眠或其他睡眠问题；
- 产生消极情绪；
- 出现生理疾病；
- 吸烟量或饮酒量增加；
- 与伴侣关系不良；
- 与子女关系不良。

如果压力不能及时缓解释放，负面情绪和负性能量在人体中淤积过久，甚至会导致抑郁症。

压力管理所要解决的问题对象，正是这些给人造成负面影响的压力。

 你的压力程度如何

工作压力程度自我评估

生活中我们常经历与工作有直接或间接关系的压力。请选择每题最符合你自己实际情况的分数，算出总分。

项目	5分 总是	4分 经常	3分 有时	2分 很少	1分 从未	0分 对我不适用
1．我对我的工作任务不清楚						
2．我的同事似乎对我的工作不清楚						
3．我与上司之间的意见不同						
4．我不愿别人对我提出时间要求						
5．我对管理缺乏自信						
6．我的上司希望我放下手头的事情，先做其他优先事项						
7．我与公司内部的其他相关部门发生冲突						
8．当我的表现令上司不满时，我才能得到他的反馈						
9．当工作或计划改变，且此改变对我有影响时，我并未被事先通知或征求意见						
10．公司要求我接受决策，但不希望我了解决策的原因和过程						
11．我的工作必须通过开会才能决定该如何处理						

续表

项目	5分 总是	4分 经常	3分 有时	2分 很少	1分 从未	0分 对我不适用
12. 会议中我十分注意自己的言论或意见						
13. 我忙不过来						
14. 我的空闲时间很多（上班时我没有足够的工作要做）						
15. 我觉得自己大材小用						
16. 我觉得我不能胜任自己的工作						
17. 同事与我存在个性不同						
18. 我必须同其他部门联络或协商才能完成我的工作						
19. 我与同事间存在着无法解决的矛盾						
20. 我的同事不支持我						
21. 我的时间多用在处理工作配合等问题，而不是工作计划的执行						
22. 我与其他同事要合作的工作太多或太少						
23. 我受到的监督太多或太少						
24. 我在工作上无法发挥自己真正的才能						
25. 我被安排的工作任务没有意义						
总　分						

续表

自评结果分析
总分 >75 分：你的压力过高，本培训很可能不足以解决你的压力问题，也许你更需要心理医生的帮助。
总分 <25 分：你的压力极低，你似乎过着无忧无虑的生活，但这样生活真的就没有压力吗？

多数人的总分往往是 25～75 分，压力不低也不算太高。这说明，工作带给人的压力并不像我们想象的那么大。我们之所以感觉压力大，更多地源自我们要承受的经济和精神负担。

影响对压力的反应的因素

一个人对压力的反应程度，与压力事件的性质、个体心理因素、个体生理因素、外在环境因素有关。

压力事件的性质

压力事件的性质，是指压力的强度、频繁度和时机。譬如一个刚被提拔（时机）到管理岗位的员工，肯定要比经验丰富的管理者感受到的工作压力要强和频繁得多。

个体心理因素

个体心理因素包括人格与情绪形态、思考模式和人生阅历。

- 人格与情绪形态是指一个人内向或外向、冲动或理智的性格倾向。内向的人往往对压力能够默默地承受，但有可能因此抑郁而不能释怀；外向的人对压力可能反应过激，但压力所造成的不良影响又较易烟消云散。冲动的人会首先排斥压力，理智的人却倾向化解压力。

- 思考模式是指一个人对待问题的心态是积极还是消极，开放还是偏执。积极的人会将压力视为动力，消极的人会将压力当作阻力。心态开放的人相信方法总比问题多，所以努力寻求压力管理的方法；偏执的人则会陷入压力的旋涡而难以自拔。
- 人生阅历同样会影响一个人对压力的反应。一个人的人生阅历越丰富，其抗压能力也就越强。在我看来，人生阅历，或者说一个人的生活经验，至少包含这样几个方面：
  - 接触过的人；
  - 经历过的事；
  - 去过的地方；
  - 受过的教育；
  - 拥有的爱好。

个体生理因素

个体生理因素包括一个人的年龄、健康状况，以及运动、营养、休息状况等。不言而喻，一个人的生理状况越好，其抗压能力也就越强。

外在环境因素

外在环境因素包括文化背景与社会道德观念、家庭环境、社会支持系统和企业支持系统等。

刚到国外工作或留学的人，自然会体会到文化背景的不同所带来的精神压力。新员工要融入新公司的企业文化，不承受一定的压力也是很难做到的。

社会道德观念开明、开放的环境会令人心情舒畅、顾虑减少，人的精神压力自然也就减弱。

另外，和睦的家庭、健全的社会福利保障系统和完善的企业支持系统［如员工帮助计划（EAP）、心理咨询］都会正面影响一个人对压力的态度和反应。

压力管理的治标方法

常见的许多减压方法其实是治标不治本的，也就是说，可以表面或短期起到缓解压力的作用，而不能根除压力对身心带来的不良影响。当然，采用以下这些方法作为权宜之计，也是可取的积极举动。

- 数颜色法。数颜色法由美国心理学家伦纳德·费尔德（Leonard Felder）提出，适用于情绪不佳时，可通过数周围的各种颜色来缓解情绪压力。
- 暗示调节法。暗示调节法是指感到压力时，用积极的想法或语言（如“有志者事竟成”之类）鼓励自己。
- 运动纾解法。国外最新研究表明，每周 3 次 1 小时左右的运动或体力劳动，会有效缓解现代人的精神压力。
- 音乐纾解法。喜欢音乐吗？寻找那些在你感受压力时能给你的心灵带去慰藉的音乐吧！
- 幽默化解法。多读一些幽默故事或笑话，培养你的幽默神经，从而能够笑对一切压力！
- 注意力调控法。感到压力时，暂时避开，换个环境休息一下，静下心来换个思路，去参加个培训“磨磨刀”，哪怕只是跟朋友们闲聊一通都可能产生积极的灵感。正所谓“磨刀不误砍柴工”！

提高时间管理功夫

工作量繁重需要大量加班时，好好反思自己的时间管理水平是否需要提升，是否需要修炼时间管理这门功夫。

巧用灵感

据研究，人们容易有灵感的时机一般包括：

- 与别人聊天时；
- 在浴室中；
- 在旅行途中；
- 在床上（睡前、梦中或醒来后）。

譬如，我把培训就当成同别人聊天，这时我会很有灵感；每天早上醒来还没下床那段时间灵感也会经常光顾。所以，我如果碰上什么棘手或重要难题，会去找人沟通，或者暂时放一放，等到第二天早上醒来后再去想，常常会有惊喜发生。

你知道自己容易有灵感的时机或场合吗？灵感可否帮助你缓解压力呢？

压力管理的治本方法

经过大量深入探讨后发现，多数职场人士的压力来自精神层面，体现在对自我的认知不足，对人生与未来的不确定，以及攀比和虚荣。这样的压力需要治本的方法才能排解。

压力管理的治本方法通常包括：

- 树立恰当的人生观；

- 提高自我认知；
- 享受工作；
- 正念冥想；
- 培养多元智能。

树立恰当的人生观

人们常说要“顺势而为”，那么什么是一个人的“势”呢？

一个人的“势”首先就是“天生我材必有用”中所说的“材”——才能！一个人能为人类和社会所做的最大贡献，应该是在他能积极地发挥其天赋才能的时候，这个时候，任何压力都会变得无足轻重，因为这是一个人的快乐所在，正所谓“乐此不疲”。

其次，“势”是指时代的发展趋势。一个人的“势”要符合时代发展的需求。当今职场，思想僵化、墨守成规、不爱学习、不思进取的人，很难有大的作为，最终会落伍和被淘汰。你也许会说，这样一来，一个人的压力不是更大了吗？

需要再次强调的是，压力管理不是帮你消除压力，而是帮你正确地对待压力，化压力为动力。如果你连进取的压力都无法承受，那你根本就不配做职场人，又何谈成为职场精英呢？

提高自我认知

我们许多人的天赋才能由于受到世俗、攀比、虚荣的影响而被埋没了。如何找回我们的天赋才能并让它（们）社会化呢？

多接触一些人，让他们给你反馈，找导师为你测评，从而发现自己的盲点和潜力。“不识庐山真面目，只缘身在此山中。”

多做一些事，从实践中挖掘你的热情和激情所在。

多走一些地方，从新的环境中你会获得更多的感悟以及对自己更深刻的认识。

多读一些书，你会从中吸取更多成长的营养……

享受工作

工作的三种境界

有这样一则故事可以形象地说明一个人对现有工作的态度。一位记者在一个建筑工地采访。问到第一位建筑工人他在做什么时，这位建筑工人无精打采地回答，他在砌砖头，从早累到晚，好歹一天的工钱还能糊口。他其实把工作当成一种劳作，当成谋生的手段。

记者又问另一位建筑工人在做什么。这位建筑工人说他在尽一个建筑工人和一个丈夫与父亲的责任。当一个人把工作当成尽责的渠道时，工作对他来说是一个职业。

记者问到第三位建筑工人时，这位建筑工人说每早一起床，他就迫不及待地想早点儿来到建筑工地，因为他为自己所建造的这个建筑将成为本城的新地标而感到十分自豪，所以工作起来也十分投入和快乐。他已不仅将这份工作当成谋生和尽职的手段，而且视其为能够体现自己价值并为自己带来乐趣的“事业”。并不是自己创业才算拥有事业，我认为，只要你能把自己所从事的工作当成乐趣，这份工作就是你的事业！

请扪心自问，你现在对自己的工作是什么样的态度？

视之为谋生的手段——劳作？

视之为尽责的渠道——职业？

视之为人生的乐趣——事业？

当你的工作已成为你的事业时，来自工作的压力又何足挂齿呢？

“鱼”的哲学

“鱼”的哲学也就是快乐工作的哲学。这一理念源自美国西雅图派克街鱼市那些每天工作十几小时的员工的工作状态。《鱼：一种提高士气和改善业绩的奇妙方法》这本书生动地展示了这些受教育程度不高、收入微薄、工作条件简陋的员工如何将劳作变成乐趣的简单却有效的方法。每次我为学员播放在该鱼市实地拍摄的同名录像片以后，学员都会感慨万千，深深地被这些员工快乐工作的精神所打动。

“鱼”的哲学可以浓缩成以下 4 点。

- 让工作充满像游戏一样的乐趣！任何工作干长了都可能变得枯燥无趣，关键是你能不能不断发现并尝试那些可能带来工作乐趣的新点子。
- 让顾客不虚此行！任何人的工作都有顾客，不管顾客是公司外部的还是内部的。你是否重视你的顾客的需求与感受？你尽力让他们满意了吗？
- 用心！“爱一行，干一行”当然十分符合现代“以人为本”的工作价值观，这种情况下“用心”不会是什么大问题：既然喜欢，用心投入很容易就能做到。可现代人当中又有多少人能十分清楚自己到底爱哪一行呢？那么你就应该试图去体会“干一行，爱一行”。用心地去干那些你正从事的也许还未曾感受到多大乐趣的工作，许多惊喜正等待着你。
- 选择你的态度！人和动物的重要区别之一，就是人有“选择的自由”。你可能无法选择你所处的环境、你的同事、你的上司，但你可以选择你每天生活和工作的态度与行为。每天一早起来，你就面临着这样的选择：积极或消极，快乐或沮丧。为何不快乐地迎接每一天呢？这也正是高效能人士的第一大习惯“积极主动”的具体体现！

正念冥想

美国马萨诸塞大学医学院的乔恩·卡巴金（Jon Kabat-Zinn）博士通过反复科学实验后证明，佛教中的内观禅修对焦虑症、抑郁症、慢性疼痛等压力为重要病因的疾病有明显疗效。西方的医学、心理研究者据此提出了名为“正念冥想”的减压练习方法。

正念冥想认为人们具有两种模式：行动模式和存在模式。我们多数时间处于行动模式。思考、评判、分析决策、行动、回顾过去、计划未来，都属于行动模式。在这一模式中，处于焦虑或抑郁的人，头脑中往往充斥大量的负面思维，对自己进行大量负面评判。在存在模式中，我们只是去觉察、感知当下，不加评判，接纳一切——对待抑郁、焦虑的情绪，对自我经历过和正在经历的一切，都采取接纳包容的态度。正念冥想，就是更多地去开启这一存在模式的过程。

正念冥想的练习方法有多种，核心原则是不加评判地专注于当下。最简单易行的正念冥想就是专注于自己的呼吸。

- 首先，找一个安静的环境。关掉电视、手机等可以干扰自己的声源，告知周围的人在接下来的时间内不要打扰自己。
- 找一个舒服的姿势坐好，让头部、颈部、背部成为一条垂直于地面的直线，双手舒服地放在腿上。
- 闭上眼睛，把注意力集中在自己的呼吸上。深吸气，然后慢慢呼出，注意空气被吸进身体又离开身体，就这样循环往复，把注意力集中于此，同时带着一种好奇心，像自己第一次呼吸一样去体验自己的呼吸。
- 如果头脑中出现了其他的一些想法或情感从而使注意力出现转移，不用担心，只需要将注意力返回到呼吸上来就可以，不用进行任何评判。

- 在练习中，哪怕出现烦躁、不适、焦虑、低落等感受，也试着去接纳这些感受作为我们自己的一部分，觉察它们，像旁观者一样去观察它们，不去评判、回避、责备、压抑或试图改变这些感受，相反，去照料和呵护自己的这些感受。然后慢慢把注意力回到呼吸上。如果再次出现了某种情绪或想法或是身体的不适，继续观察，直到觉察不到什么，再慢慢回到自己的呼吸上。

初学者可以一次练 5 分钟，一天两到三次，逐渐可以延长到每次 15 分钟。最初开始正念冥想练习时，难以专注、胡思乱想是很正常的，因为我们已习惯在行动模式下去生活，而并不习惯静下心来去感受当下。练习久了，心就会慢慢平静下来，开始慢慢看清自己的内心世界，对自己产生更多的理解和关照，使负面情绪和压力感受变得可控。

正念冥想可以成为随时随地对抗压力的一种武器，走路、坐车、躺着、用餐等情况下都可以随时操作，只是贵在坚持。

正念冥想不仅有助于让我们减压放松、远离无谓的烦恼、享受当下，而且有助于我们对自我、生命和世界的觉察和接纳，唤醒和激发我们的创造力。正念冥想需要进行反复的练习和体验；越多地练习，就会有越多的回报。

苹果公司的创始人史蒂夫・乔布斯（Steve Jobs）每天都会拿出两个小时在办公室正念冥想。包括谷歌在内的不少硅谷公司，也在每天的上班期间用正念冥想的方法帮助员工减压。

培养多元智能

多元智能理论由哈佛大学霍华德・加德纳（Howard Gardner）教授提出，是国内提倡的素质教育的理论基础。根据这一理论，人类至少具备 9 种智能。

多元智能测评——华特-迈克肯茨创意教室咨询公司设计

对每一部分中的各描述，回答为“是”的给1分，“否”的给0分，然后将这一部分的分数加总。

第一部分	分数：1或0
1．我喜欢按照一般的特征来划分事物。	
2．生态学方面的事情对我来说非常重要。	
3．徒步旅行和野营是很有趣的活动。	
4．我喜欢园艺。	
5．我相信保护国家公园是非常重要的。	
6．我喜欢将事情分出清晰的层次。	
7．我家里有垃圾回收系统。	
8．我喜欢研究生物学、植物学和（或）动物学。	
9．动物在我的生命中是很重要的。	
10．我总是花很多时间在户外。	
总分	

第二部分	分数：1或0
1．我善于理解图案的意义。	
2．我对声音比较敏感。	
3．跟着鼓点做动作对我来说没什么困难。	
4．我对演奏器乐总是很感兴趣。	

5. 我喜欢诗歌的韵律。	
6. 我用押韵法记忆。	
7. 我听广播或看电视时，精神总是很难集中。	
8. 我喜欢很多种类的音乐。	
9. 音乐剧比戏剧更有意思。	
10. 我很容易记住歌词。	
总分	

第三部分	分数：1或0
1. 我总是把东西收拾得井井有条。	
2. 我喜欢做事循序渐进。	
3. 解决问题对我来说是家常便饭。	
4. 我总是不喜欢那些无组织无纪律的人。	
5. 我可以快速地完成心算。	
6. 我喜欢需要推理的谜语。	
7. 在未弄清所有问题之前，我不会采取行动。	
8. 集体的力量帮助我获得成功。	
9. 我发现根据计算机资料或表格来工作让我受益匪浅。	
10. 我必须知道做一件事的意义，否则我会感到不满。	
总分	

第四部分	分数：1 或 0
1．在未来的规划中看清自己的位置，对我来说非常重要。	
2．我喜欢讨论生活话题。	
3．宗教信仰对我来说很重要。	
4．我喜欢欣赏艺术珍品。	
5．我从放松和沉思中收获颇多。	
6．我喜欢到大自然中探险。	
7．我喜欢古典和现代哲学。	
8．当我了解了新事物的价值以后，就会很容易接受它们。	
9．我总是在想宇宙中是否存在其他形式的生命。	
10．学习历史和古代文化帮助我以史为鉴。	
总分	

第五部分	分数：1 或 0
1．与他人在一起我会学得很好。	
2．多多益善。	
3．小组学习对我来说总是很有效。	
4．我喜欢网上聊天。	

5．参与政治很重要。	
6．电视或者广播中的谈话节目（脱口秀）很有意思。	
7．我是一个很好的团队合作者。	
8．我不喜欢独自工作。	
9．我喜欢俱乐部和业余活动。	
10．我关注社会问题及其原因。	
总分	

第六部分	分数：1 或 0
1．我喜欢手工劳动。	
2．坐很长时间对我来说比较困难。	
3．我喜欢户外活动和运动。	
4．我觉得非语言交流很有意义，如手语。	
5．有了健康的身体才有健康的头脑。	
6．艺术创作和手工艺是有意思的业余消遣。	
7．舞蹈的表现力是美的。	
8．我喜欢在工作中使用工具。	
9．我的生活方式是积极活跃的。	
10．我从实践中学习。	
总分	

第七部分	分数：1或0
1．我喜欢读各种类型的书籍。	
2．做笔记帮助我记忆和理解。	
3．我通过信函和电子邮件同朋友们坦诚交流。	
4．向别人解释我的想法对我来说没什么困难。	
5．我有记日记的习惯。	
6．单词谜题（如纵横字谜和猜字游戏）都很有意思。	
7．我因兴趣而写作。	
8．我喜欢玩文字游戏，如双关语、谐音等。	
9．我对外语感兴趣。	
10．我喜欢参加辩论和公开演讲活动。	
总分	

第八部分	分数：1或0
1．我很注重自己的道德信仰。	
2．当我对某件事倾注感情时就会学得很快。	
3．公平对我来说很重要。	
4．我的态度影响学习方式。	
5．我很关心社会公正问题。	

6．我单独工作时的工作效率与团队合作时的工作效率没有太大区别。	
7．在我同意某事之前，我必须清楚地知道我为什么要这么做。	
8．当我相信某件事时，我会投入100%的精力。	
9．我喜欢帮助别人。	
10．为了纠正错误，我愿意抗议或在请愿书上签字。	
总分	

第九部分	分数：1或0
1．我能在脑海中将好主意形象化。	
2．我觉得重新布置居室是一件有趣的事情。	
3．我喜欢通过多媒体来创造艺术。	
4．我善于记忆图形。	
5．我从表演艺术中可以获得满足感。	
6．在做图表时，我喜欢用图形表格软件。	
7．我对三维动画很感兴趣。	
8．音乐电视很刺激。	
9．我能够通过脑中的形象回忆事件。	
10．我非常善于读地图和设计图。	
总分	

九个部分分别对应的智能类型为（7分以上说明你的该项智能较强）：

- 自然感知智能，是指善于观察自然界中的各种事物，以及对物体进行辨认和分类的能力。这项智能强的人有强烈的好奇心和求知欲，以及敏锐的观察能力，能了解各种事物的细微差别，如天文学家、生物学家、地质学家、考古学家、环境设计师等。
- 音乐/艺术智能，是指能够敏锐地感知音调、旋律、节奏、音色的能力。这项智能强的人对节奏、音调、旋律或音色的敏感性强，具有较高的表演、创作及思考音乐的能力，如歌唱家、作曲家、指挥家、音乐评论家、调琴师等。
- 逻辑/数学智能，同语言表达智能共同构成传统意义上的“智商”，即IQ。这项智能强的人能有效地计算、测量、推理、归纳、分类，并进行复杂的数学运算，如科学家、会计师、统计学家、工程师、计算机软体研发人员等。
- 哲学思考智能，是指对存在的探索能力。这项智能强的人善于抓住事物的本质，常常具有常人不具备的远见，如哲学家、历史学家、战略家等。
- 人际关系智能，即EQ，是指能很好地理解别人和与人交往的能力。这项智能强的人善于察觉他人的情绪、情感，体会他人的感觉感受，辨别不同人际关系的暗示以及对这些暗示做出适当反应，如政治家、外交家、领导者、心理咨询师、公关人员、销售人员等。
- 运动/动手智能，是指善于运用整个身体来表达思想和情感，以及灵巧地运用双手制作或操作物体的能力。这项智能强的人有运动员、演员、舞蹈家、外科医生、机械师等。
- 语言表达智能，是指有效地运用口头语言及文字表达自己的思想并理解他人的能力。这项智能强的人有政治活动家、主持人、律师、演说家、编辑、作家、记者、教师等。

- 内省/领悟智能，是指自我认识、自我反省并据此采取适当行为的能力。这项智能强的人能认识自己的长处和短处，意识到自己的内在爱好、情绪、意向、脾气和自尊，如哲学家、思想家、心理学家等。
- 视觉/空间智能，是指准确感知视觉空间及周围一切事物，并且能把所感觉到的形象以图画的形式表现出来的能力。这项智能强的人有室内设计师、建筑师、摄影师、画家、飞行员等。

多元智能给我们的启示是，倘若我们发展诸如旅游、运动、音乐、哲学、社交、休闲、养生、博览群书等多种爱好，并从小培养我们的下一代全面发展，那么我们面对大千世界的抗压能力将会大大改观，人生将变得更加美好，社会也会变得更加和谐！

思考

- 你的压力更多地是来自外界还是内心？
- 对来自外界的压力，你将如何调整自己的心态和行为？
- 对来自内心的压力，你的心态和行为又将做出何种改变呢？

收获及行动计划

主要收获	工作和生活中 如何应用	怎样检验应用 （知行合一）的效果
1.		
2.		
3.		
4.		
5.		
……		

功夫五

人际沟通

沟通与我们终身形影不离。沟通如同长相，很多人都拥有一个正常人的长相，但敢说自己长相完美甚至出众的又有几个呢？所以，沟通是我们需要不断修炼的素质和能力。

“心有灵犀”也许是人际沟通的最高境界，我们也都明白“路遥知马力，日久见人心”的道理。对“心有灵犀”的知己，或者“日久见人心”的朋友，默契似乎比沟通技巧更加重要。然而，大千世界，短暂人生，一个人又能碰到多少这样的知己，结交多少这样的朋友呢？尤其是职场人士，因为工作的关系，即使算不上阅人无数，也可以说是交际频繁，人际沟通能力怎能被小视?

不论我们对上级、同事还是客户，既然要同他们打交道，我们都希望一开始就给对方留下良好的印象，为日后交往奠定顺畅的基础。职场中，人际沟通的目的主要在于：

- 获得理解、支持、配合或认可；
- 说服和影响对方，以达成某种合作。

沟通作为职场人的必备素质和能力，具体包括以下技巧：观察、倾听、提问、表达。

无论是上下级之间、同事之间的一对一沟通，还是演讲、开会、谈判等商务场合的正式性沟通，都需要以上这些技巧作为基础。

本门功夫的要领

- 人际沟通的 3 项要务
- 观察技巧：人际沟通风格的认知与识别
- 响应式沟通与表达技巧——如何应对不同的人际沟通风格
- 倾听技巧
- 提问技巧
- 影响和说服他人的表达法

人际沟通的 3 项要务

对沟通，我总结了 12 字方针：敢于沟通、乐于沟通、善于沟通。

“敢于”和“乐于”要在“善于”之前。一个人在沟通方面再有技巧，但没有沟通的胆量和意愿，技巧便成了强弩之末。

沟通的胆量是与一个人的心理成熟和自信程度相关的。对方的权力、资历、态度、为人处世的方式都会给我们造成不同程度的心理距离感。顾虑会影响我们沟通的胆量。不要一味地抱怨薪水低、加班多或同事的“得寸进尺”，你同相关人员沟通了你的意见吗？你也许是善于沟通的高手，但你是否有沟通的胆量呢？

当你获得了沟通机会时，你是否又真的乐于将你的意见坦诚地表达出来呢？你是否有耐心和意愿倾听对方的想法呢？

人生的各种无奈和职场的诸多压力让我们有时不敢于也不乐于去沟通。我们同上级、同事、客户之间的某些矛盾和问题，原因其实并不在于我们的沟通技巧，而是在于我们缺乏沟通的勇气和意愿。

因此，在提高沟通技巧之前，首先要培养沟通的胆量，并认识到沟通的乐趣。

谁都有无奈和压力，但沟通必须排除顾虑。实践证明，敢于沟通的人，获得的比失去的要多得多。看看你的周围，是否就有这样的例子呢？你也许会说，敢于沟通的人往往第一个吃亏。别忘了，沟通有 3 项要务，“敢于沟通”是第一项，还需要“乐于沟通”和“善于沟通”。那些真正在职场立住脚跟的人通常都是“敢于沟通”“乐于沟通”“善于沟通”的集合体。

沟通的乐趣在于它是双行道，有来有往，是相互的分享。曾有人说过这样一句话：“这个世界上只有两件东西，你给出的越多，你得到的也就越多。一个是爱，一个就是分享！”沟通其实就是分享的过程。例如，我一直把培训当成我与学员沟通与分享的平台，在这个平台上，我在物质和精神方面都收获颇丰！

在日常生活中，我们有选择沟通对象的权利。对不想长期交往的人，你可能不用太在意你的沟通技巧。然而，工作中，只要是与你打交道的人，你都应以礼相待，而不能让个人好恶损害你的工作态度和表现。这时，沟通技巧就显出其重要性。

虽说道理上讲工作交往不应掺杂个人好恶，但人都是有情感的，我们可以这样要求自己，但无法要求每个人都能做到这一点，除非每个人都接受人际沟通这样的训练。既然如此，要想在人际交往初始就给对方留下良好印象，从而顺利地获得对方的理解、支持、配合或认可，有效地影响和说服对方，你就应该首先具备察言观色的能力：不仅清楚地认知自身的人际沟通风格，还能迅速识别他人的人际沟通风格。

观察技巧：人际沟通风格的认知与识别

人际沟通风格倾向自我认知测评

人际沟通风格倾向测评

请回答以下A、B两套题。如果你的实际情况更接近左边的描述，请给自己5分或以下；如果更接近右边的描述，请给自己6分或以上。请如实回答，以保证对你自己有更加准确的认识。答完每套题后，将分数相加，得出该套题的总分。算出分数后按后面的要求继续。

注意：回答以下问题时，你需要为自己设定一个标准，即按你的心理倾向还是按你的行为习惯选择分数。确定好标准后，所有问题都应统一按此标准回答，否则结果很难准确。倘若你按心理倾向回答所有问题，那么测评结果更接近你的个性；倘若你按行为习惯回答所有问题，那么结果反映的是你的外在表现。当然，如果你的心理倾向和行为习惯是一致的，那么恭喜你，你是一个表里如一、活得较为自然洒脱的人！可需要反思的是，你的人际关系是否真的如你所愿呢？

A套题

总分：_______

1．面对风险、决定或变化时反应迟缓、谨慎	1 2 3 4 5 6 7 8 9 10	面对风险、决定或变化时反应迅速、从容
2．与大伙一起讨论时不常主动发言	1 2 3 4 5 6 7 8 9 10	与大伙一起讨论时经常主动发言
3．强调要点时不常使用手势及音调的变化	1 2 3 4 5 6 7 8 9 10	强调要点时经常使用手势及音调的变化
4．表达时经常使用较委婉的说法，如“根据我的记录……”	1 2 3 4 5 6 7 8 9 10	表达时经常使用强调式的语言，如“就是如此”
5．通过阐述细节内容强调要点	1 2 3 4 5 6 7 8 9 10	通过自信的语调和坚定的体态强调要点
6．提问用来检验理解、寻求支持或获取更多信息	1 2 3 4 5 6 7 8 9 10	提问用来增强语言气势、强调要点或提出异议
7．不爱发表意见	1 2 3 4 5 6 7 8 9 10	愿意发表意见
8．耐心，愿意与人合作	1 2 3 4 5 6 7 8 9 10	性急，喜欢竞争

9．与人交往讲究礼节，倾向于相互配合	1 2 3 4 5 6 7 8 9 10	喜欢挑战，倾向于控制局面
10．如果在没什么大不了的事上有意见分歧，很可能附和他人的观点	1 2 3 4 5 6 7 8 9 10	意见有分歧时，愿意坚持自己的观点并要辩论出究竟
11．含蓄，节制	1 2 3 4 5 6 7 8 9 10	坚定，咄咄逼人
12．与人初次见面时间断性注视对方	1 2 3 4 5 6 7 8 9 10	与人初次见面时长久注视对方
13．握手时较轻	1 2 3 4 5 6 7 8 9 10	紧紧握手

B 套题

总分：_______

1．戒备	1 2 3 4 5 6 7 8 9 10	坦率
2．感情不外露，只在需要别人知道时表露	1 2 3 4 5 6 7 8 9 10	无拘束地表露、分享情感
3．多数是依据事实、证据做决定	1 2 3 4 5 6 7 8 9 10	多数是根据感觉做决定
4．就事论事，不跑题	1 2 3 4 5 6 7 8 9 10	谈话时不爱专注于一个话题
5．讲究正规	1 2 3 4 5 6 7 8 9 10	轻松，热情
6．喜欢干事	1 2 3 4 5 6 7 8 9 10	喜欢交友

7. 讲话或倾听时表情严肃	1 2 3 4 5 6 7 8 9 10	讲话或倾听时表情丰富
8. 表达感受时不太爱给非语言的反馈	1 2 3 4 5 6 7 8 9 10	表达感受时愿意给非语言的反馈
9. 喜欢听现实状况、亲身经历和事实	1 2 3 4 5 6 7 8 9 10	喜欢听梦想、远见和概括性信息
10. 待人接物方法较单一	1 2 3 4 5 6 7 8 9 10	待人接物方法较灵活
11. 在工作或社交场合中需要时间去适应	1 2 3 4 5 6 7 8 9 10	在工作或社交场合中适应快
12. 按计划行事	1 2 3 4 5 6 7 8 9 10	做事随意
13. 避免身体接触	1 2 3 4 5 6 7 8 9 10	主动做出身体接触

分别得出两套题的总分后，请在下图中确定你的位置。

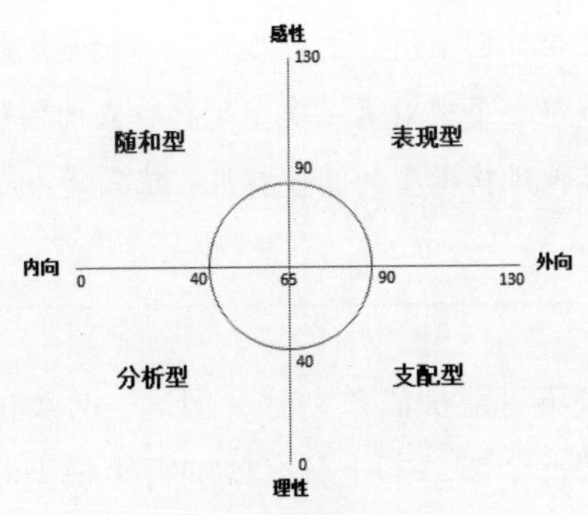

人际沟通风格倾向测评

在横轴上标出与 A 套题的总分相对应的位置作为 A 点。

在纵轴上标出与 B 套题的总分相对应的位置作为 B 点。

画一条垂直线经过A点，再画一条水平线经过B点。

两条直线相交的位置，反映你比较自然的人际沟通风格倾向。

得分说明如下表所示。

得分说明

人际沟通风格类型	A套题分数	B套题分数
分析型（猫头鹰）	< 65	< 65
支配型（老虎）	> 65	< 65
随和型（考拉）	< 65	> 65
表现型（孔雀）	> 65	> 65
兼有随和型和分析型特点	< 65	= 65
兼有分析型和支配型特点	= 65	< 65
兼有支配型和表现型特点	> 65	= 65
兼有表现型和随和型特点	= 65	> 65

倘若你的分数在坐标图上所示的方框外，你就是比较典型的那个象限风格类型的人，也就越符合下文对这一类型风格特点的描述。分数在圈内，说明你已经开始具备其他风格类型的某些特征；越靠近中心点65，你的人际沟通风格就越为综合。

当然，人的类型不可能被简单划分，但这一分类的高明之处是为我们在人际交往中提供了一个简单却十分有效的行为模型和工具。它将人从内在和外在两个维度进行分析。坐标的纵轴代表人的内在维度，是指遇到和处理问题时这个人趋于感性还是理性。坐标的横轴代表人的外在维度，是指一个人在表达想法时是外露直接还是较为内敛。有意思的是，美国的行为管理学家还给每一类风格冠以动物“代言人”。猫头鹰是智慧的象征，代表分析型风格；老虎（或老鹰）凶猛彪悍，具有支配型特征；考拉（或海豚）憨态可掬，具有随和型特征；孔雀（或猴子）张扬炫耀，代表表现型风格再合适不过！

 4 种人际沟通风格的典型心理和行为特征

4 种人际沟通风格的典型心理和行为特征如表 5-1 所示。

表 5-1　4 种人际沟通风格的典型心理和行为特征

	分析型	支配型	随和型	表现型
注重	准确、稳妥、过程	控制、竞争、结果	理解、合作、被接受	作秀、受欢迎、被称赞
长处	计划、系统、全盘考虑	善管理、开拓	善倾听、协作、善始善终	热情、愉悦、感染力强
弱点	过于注重细节、挑剔、应变力不强	不善倾听、无耐心、不重情感	过于敏感、不果断、无大志	不拘小节、专注力弱、不善执行
不喜欢	无条理、无规矩	无效率、优柔寡断	不重情感、遇事急躁	循规蹈矩、繁文缛节
对待压力	退缩、不服管	挑战、不服输	屈从、犹豫不决	玩世不恭、敷衍了事
决策时	反复审议	果断	与别人协商	凭感觉
害怕	被别人挑剔	被利用	突然变故	不讨人喜欢
获得安稳感的手段	准备充分	控制别人或局面	友情	娱乐
衡量个人价值的方法	精确度	成效性、影响度	合群度、贡献度	认可度、受欢迎程度

尽管很少有人绝对地属于哪种类型，但运用以上分析，你是否发现人际风格还是有某种规律可循呢？譬如：

- 从事科研、质检、财务、技术工作的人当中，分析型倾向的人较多。
- 从事政治、军事、管理等工作的人当中，支配型倾向的人较多。

- 从事服务（尤其是在呼叫中心从事接听电话的服务）、行政、文秘等工作的人当中，随和型倾向的人较多。
- 从事演艺、销售等工作的人当中，表现型倾向的人较多。

为什么会有这样的规律呢？不同的工作确实对行为会有不同的要求，正所谓“物以类聚，人以群分”。这并不是说做管理的人在个性上一定就像老虎，而是说管理需要支配型的行为。个性难以改变，但行为可以调整。成功的职场人士，要么从事的工作本身就符合他的个性，要么他调整了自己的行为从而适应了其工作。譬如，一个天性为表现型倾向的人从事销售工作可能就更容易进入角色，但并不能说他就做不好财务工作。如果他能学习分析型风格的人的优点，增强耐性，处事更加谨慎认真，同样可以将财务工作做好，甚至比分析型风格的人做得更加出色。所以说，职业不一定改变一个人的个性，但会塑造一个人的某些行为表现。

对初次打交道的人，如果你拿出上面的测评题对他说“为了知道您是哪类人，麻烦您帮我做一个测评”，对方一定觉得你的脑子有问题。那么，如何不用让别人做测评题却又能迅速地识别对方的人际沟通风格呢？当你不断尝试运用以上 4 种风格的分类方法去分析他人时，你的直觉判断力会自然加强。读万卷书，不如行万里路；行万里路，不如阅人无数！

人际沟通 7：38：55 原则

在前面“职场必备礼仪”中讲到，职业形象礼仪培养的 3 部分按优先级由高至低排序为：身体语言，语气、语调和语速，语言和措辞。这一结论的理论依据源自美国心理学家艾伯特·麦赫拉比安（Albert Mehrabian）的研究成果。他发现，在口头沟通中，一个人使用的语言和措辞，语气、语调和语速，以及身体语言对要表达的含义所起的作用各不相同，如图 5-1 所示。

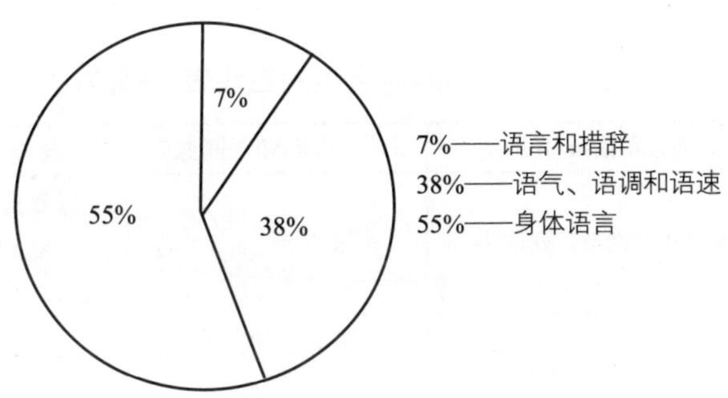

图 5-1　口头沟通中的 3 个因素对表达含义的作用

乍一看，这一研究结果有些令人惊讶。为什么语言和措辞对表达含义的作用那么小，而语气、语调和语速以及身体语言的作用却那么大，而身体语言竟然起主要作用?

我经常举的例子是“我爱你”3 个字。假如我手捧一束玫瑰花，跪在一位女士面前，深情地对她说：“我爱你!”这也许是你能想象得到的这 3 个字的本义。可如果我带着戏谑的表情，以疑问的口吻说出这 3 个字，并将“你”字拖长，那么意义可就与之前的大不一样了。倘若将重音分别放在“我”“爱”并伴有疑惑的语气或咬牙切齿的表情，那么意义又有变化，甚至可能有对对方移情别恋的愤恨之意。这样一来，你是不是理解了语言和措辞为何在口头沟通中所起的作用不如想象的大了吧!

7∶38∶55 原则所体现的身体语言的重要性，其实也印证了“言传不如身教”这句话。也正是因此，我们在书面沟通时需要格外注意我们的措辞，因为没有语气、语调和语速以及身体语言的配合，误解很容易发生。

4 种人际沟通风格的人在进行口头表达时有各自的特点（见表 5-2），这便为我们迅速识别他人的人际沟通风格提供了一条捷径。

表5-2　4种人际沟通风格的口头表达特点

人际风格	语言和措辞倾向	语气、语调和语速倾向	身体语言倾向
分析型	注重过程、细节，喜欢提问	沉稳严肃，热情不足	仪表整洁，表情平淡，喜怒不形于色，戴眼镜的比较多
支配型	简练，概括，直截了当	正式，犀利，有挑战性，语速适中	表情严肃，动作有力
随和型	委婉，中庸	温和，商量的口吻，语速较慢	笑容可掬，小心翼翼
表现型	张扬，容易跑题	热情，激动，声音较大，语速偏快	表情丰富，动作富有活力，不惧怕眼神交流

人际沟通风格的识别

人际沟通风格识别练习

运用以上所学，对以下在书店里发生的A、B、C、D 4个场景（场景的所有要素均为虚构）中服务员和顾客的人际沟通风格进行识别。

场景A

服务员：（非常友好地）下午好！您需要点什么？

顾客：我想买一本叫《如何让你一天拥有25个小时》的书，这儿有吗？

服务员：我给您查查看。听起来这本书很有意思，您从哪儿得知这本书的？

顾客：（不耐烦地看看表）一个朋友那儿，作者是渥克莫尔，有吗？

服务员：（看着计算机显示屏）让我看看。渥克莫尔先生写了好几本书，您看过他的别的书吗？

顾客：我实在很着急，你这儿到底有没有这本书？

服务员：噢，找着了。只剩一本，在后面的库房里。您先歇一会儿，我去给您找。

顾客：我没有时间了，你能快点给我拿来吗？

服务员：没问题，我一会儿就给您拿来。

场景 B

服务员：您要买什么？

顾客：（友好地）我想买一本叫《如何让你一天拥有 25 个小时》的书，这儿有吗？

服务员：（面无表情）没听说过。不过如果您愿意的话，我可以帮您查查。

顾客：那太感谢了！

服务员：这本书的作者和出版社，还有出版时间，您都知道吧？

顾客：作者是渥克莫尔，但很抱歉，我不知道出版社和出版时间，您还能帮我找吗？

服务员：（看着计算机显示屏）让我看看。渥克莫尔先生写了好几本书，如果您不能说得更具体的话，要找到这本书得花些工夫。

顾客：我可以等。

服务员：好的，它在这儿，我找到了。这本书是 1993 年 6 月出版的，只剩一本了，应该还在库房里。我去拿，您稍等一下好吗？

顾客：我到你们的咖啡屋里等，可以吗？

服务员：告诉我您坐哪儿，以便我找到您。

场景 C

服务员：早上好！您要买什么书？

顾客：我想买一本叫《如何让你一天拥有25个小时》的书，作者是渥克莫尔，出版社是企联，这儿有吗？

服务员：（热情地）好像挺耳熟的。（看着计算机显示屏）您能再次说说作者是谁吗？

顾客：渥克莫尔。你需要记下来吗？

服务员：不用，我知道了。好了，我找着了！您真幸运，只剩一本，在后面的库房里。您先歇一会儿，我去给您找。

顾客：得多久？我11点还要开会呢！

服务员：我马上就拿来。

场景D

服务员：您要买什么书？

顾客：（热情地）嘿，你好！我想买一本叫《如何让你一天拥有25个小时》的书。书名很好，不是吗？我的朋友读过并且很喜欢这本书。

服务员：（看着计算机显示屏）作者是谁？

顾客：哦，他很出色，我曾见过他。他的名字也很特别，叫渥克莫尔。

服务员：我们有这本书，但我要到后面库房去拿。您可以先到收款台付款。

顾客：我想先去喝杯咖啡。

服务员：您最好先等一下，我马上就会回来。

参考答案

场景	服务员的风格类型	顾客的风格类型
A	随和型	支配型
B	分析型	随和型
C	表现型	分析型
D	支配型	表现型

请回答：

- 分析各场景中服务员和顾客是该种风格类型的原因。
- 4 个场景的沟通过程有效吗？为什么？
- 如果这些沟通过程需要改善，是服务员还是顾客首先需要对自己的沟通方式做出调整？他需要做出怎样的调整呢？

现实中，有些人的人际沟通风格类型确实让我们很难在短时间内做出判断，那么这样的人就很可能是那类靠近坐标中心点的具有 4 种风格“综合品质”的人。这类人的动物“代言人”是“变色龙”。在中国，变色龙类型的人常被看作见风使舵、阳奉阴违的小人。在西方，说一个人像变色龙是指这个人为人处世比较灵活和包容。在我看来，职场上确实存在两类变色龙，一种是趋炎附势、见利忘义的小人，一种则是外圆内方、通情达理的君子。以上测评所主张的当然是希望职场人士能成为后者。同样，我们也希望打交道的对象是君子而非小人！但需注意的是，这两种人都是沟通高手，因为他们都有“看人下菜碟”的本事。

响应式沟通与表达技巧——如何应对不同的人际沟通风格

人际沟通的主要目的在于获得理解、支持、配合或认可，以及说服和影响对方，以达成某种合作。

“响应”的意思是说，如果你希望更有效地达成以上这些目的，沟通时最好能先识别出对方的人际沟通风格，据此调整自我行为以适应对方，拉近与对方的心理距离；当对方接受并开始信任你之后，你再逐步表现出“真我”，从而有力地影响对方。如果你一上来就尽情展示自己的风格而疏远了对方，那么你再有诚意都可能已失去达成沟通目的的机会。

与不同风格的人沟通时的响应式沟通与表达技巧

响应式沟通与表达技巧如表5-3所示。

表5-3　响应式沟通与表达技巧

沟通对象	分析型（猫头鹰）	支配型（老虎）	随和型（考拉）	表现型（孔雀）	灵活型（变色龙）
核心关注点	晓之以理	自信、高效	动之以情	热情、引导	谦逊、得体
语言和措辞	• 事前最好有书面通知（如电子邮件），列明议题 • 不要夸张，尽量提供客观事实，保证信息的准确性	• 尽量与战略、目标、解决办法、行动计划相关 • 避免“大约”“可能”这样的不确定性语言	• 少用“务必”“必须”这样的强硬字眼 • 使用“希望”“请”等开头的语句	• 口语化 • 形象化 • 轻松、幽默	可表现你的本色，因对方可以包容你的沟通风格
语气、语调和语速	沉稳、平和；语速不要太快，留出提问和考虑的时间	自信，但要表现出尊重；语速不要太慢	亲切、友好，放慢语速	充满活力和热情，尽量抑扬顿挫	
身体语言	开始时不要过于友好和随意	情绪饱满，坚定、自信	面带微笑	表现力强，动作可大一些，离对方可近一些	

续表

沟通对象	分析型（猫头鹰）	支配型（老虎）	随和型（考拉）	表现型（孔雀）	灵活型（变色龙）
日常表达注重点	• 为结论提供翔实信息 • 准备书面资料，最好配以数据和图表	• 直截了当，简明扼要 • 先说目的和结论，然后简要阐述原因和建议内容	• 可用亲情、友情等非正式话题开头，创造友善的环境氛围 • 避免批评、挑战或催促 • 体现关心和帮助	• 自己要明确目的，讲话直率，避免被其思路牵引和主导 • 给对方表现机会，对方跑题时运用赞美式语言打断，如“您说的这一点确实十分关键，正好引入咱们下一个话题” • 重要事务以书面形式确认，避免对方说到但做不到的情况发生	• 关注其为人，多方了解 • 若对方是君子，以后交往中可坦诚相待，学习其沟通优点 • 若对方是小人，能躲就躲，不要让自己吃亏
正式话题表达注重点	• 明确说明结论（中心思想） • 提出支撑结论的主要论据 • 论据的分类逻辑（如时间、空间、层级、步骤、涉及的各种因素、问题的不同方面等逻辑）应清晰 • 每个论据的阐述要点应突出				

日常沟通中，以下情况你也许不用太在意是否运用了响应式沟通与表达技巧：

- 你对自己的沟通水平和口才非常自信。
- 你不在乎沟通的结果。
- 对方与你在沟通风格上相同。
- 对方已是你的铁杆粉丝。
- 对方是“变色龙”。

然而，如果涉及正式话题，不管对方的沟通风格如何，你的表达应至少符合以下 4 点，才更容易被对方理解和接受：

- 首先明确说明你的观点或结论，即你所要表达的中心思想。
- 按“一、二、三”这样的条理提供支撑观点或结论的论据。论据不要过多，3条之内最容易让人记住。
- 论据应符合分类的逻辑，便于对方理解。常用的逻辑包括时间、空间、层级、步骤、涉及的各种因素、问题的不同方面等。
- 每个论据的阐述要点应突出，不要啰唆。

 响应式沟通与表达技巧在生活中的应用

问问你自己，在沟通风格方面，你最好的朋友与你类似还是有所不同？你的配偶呢？

人们常说：“相爱容易，相处难！”不论是风格类似而投缘的，还是风格不同而互补的，长久相处，不免会出现磕磕碰碰，这时，响应式沟通与表达技巧就有了用场。

一位女学员曾在网上发表了她对人际沟通风格测评的感言。在参加我的培训课程那几天，她正准备同她谈了4年的男友分手。通过测评，她发现自己具有典型的表现型风格，所以十分注重情感交流和别人的认可；而其男友却倾向支配型，理性、对情感缺乏耐心。同男友的冲突往往是因为她感到对方不够细腻，从而怀疑对方是否真正爱她。测评后，她开始理解男友的沟通方式，并尝试调整自己的沟通方法，不久就发现男友其实真的很爱她，并开始愿意同她有更多事业苦恼方面的交流了。后来她让男友也做了这个测评，两人对对方的理解加深了，不久便迈入了婚姻的殿堂。用这位女学员的话说，是我的培训，当然还有那个测评，挽救了她的爱情！

 响应式沟通与表达技巧在工作中的应用

我在公司里做管理者时需要面试新人。在面试过程中我就基本能确定新人的沟通风格甚至性格特点。倘若该新人最终被公司录用并分配到我的

部门，上班的第一天我一般就会让他回家后把这个测评做一做，然后找个时间与其交流一下测评结果，不仅让他对自己有个认知，也可了解我的沟通倾向，使他尽早意识到今后工作中有可能出现的人际矛盾。

譬如，我倾向表现型风格和支配型风格，比较外向，如果新人倾向分析型风格，我就会指出他在计划和书面沟通方面的优势，也希望他能理解不可能所有工作都有充分准备的时间。当然，我会在安排工作时尽量考虑其需要“准备充分”的特点。同时，我会指出，他需要在工作中不断完善自我，个性无须改变，但可以调整自己的行为。很多人在做完人际沟通风格测评后，都会用它来分析自己的上司和同事，发现其实以前的某些冲突和不快都是自己不理解对方的风格造成的，其实并无原则上的分歧。当我们学会理解和包容对方的沟通方式后，很多问题好像都能迎刃而解了。

在销售、客户服务过程中，客户占据着主动地位。作为销售或客服人员，你能否快速赢得客户的好感和信任，从而达成获取客户购买行为、赢得客户心理满意的目的，体现着你的职业素质和专业水准。响应式沟通与表达技巧就是帮助你与客户沟通和交往的利器。

倾听技巧

通常一个人在什么时候或在什么情况下最希望找人沟通？对这一问题的多数答案：

- 在有问题或困惑时；

在有情绪时，多为感觉不好时（当然，有好事儿时也很可能奔走相告）。

如果别人在这样的情况下来找你沟通，他最先希望从你这里获得的是什么？支持、反对，还是批评、建议？也许如此。但更多情况下，他最先希望获得的是理解。如果对方感到你不能真正理解他，他就很难接受你的任何建议或帮助。

而理解，从倾听开始，这也是高效能人士“知彼解己”习惯的行为基础。

 倾听的 5 种方式

我们先来看这样一个例子。如果有一位刚认识的朋友这样向你诉说，你的第一句回应会是怎样的?

他说："来一线城市工作，除觉得有更多的工作机会以外，其实也想建立更多的人脉，这样今后发展也能有更多的空间。可是现在一天工作从早忙到晚，累得要死，根本没时间也没心情社交。"

你的第一句回应可能是下列的哪一个?

- 来这儿后悔了吧!
- 别找借口了，是你的时间管理有问题!
- 需不需要我帮你换一个工作?
- 累可以理解，没心情是为什么呀?
- 听起来你对目前的状况挺无奈的。

这 5 个回应对应了典型的 5 种倾听方式，如表 5-4 所示。

表 5-4　5 个回应对应 5 种典型的倾听方式

回　　应	对应的倾听方式
来这儿后悔了吧	猜测式倾听，你在猜测对方的想法
别找借口了，是你的时间管理有问题	评价式倾听，你在给对方下结论
需不需要我帮你换一个工作	建议式、支持式或同情式倾听，这种回应对方听着可能很顺耳，因为你似乎已经认可了对方的观点和行为，想为他提供建议或支持
累可以理解，没心情是为什么呀	探究式倾听，急于解决问题
听起来你对目前的状况挺无奈的	同理心式倾听，没有猜测，没下结论，没给建议，也没有探究，而只是映射对方的心情，表现出理解

这 5 个回应当中，哪个会被对方更容易接受？答案肯定是因人而异的，但多数情况下，同理心式倾听的回应效果会更好。

表 5-5 解释了一个人的常规倾听方式所反映的其处理人际关系的倾向，你从中是否有所启发？

表 5-5 常规倾听方式所反映的处理人际关系的倾向

常规倾听方式	处理人际关系的倾向
评价式	挑剔别人的行为，常认为自己更有道理
猜测式	喜欢根据自己的经验分析别人做事的动机
同情式	比较在意别人对自己的看法，不愿意与他人产生冲突
探究式	做事比较较真，容易与人产生争论
同理心式	对人不带偏见，与人沟通时有耐心，表现出理解

同理心式倾听的重要性

同理心的意思是说，你能站在对方的角度考虑问题，能够理解对方为什么会有现在所表现出的思想或行为，但对其思想或行为并不一定认同。同理心式倾听，就是别人在与你沟通时，你能不带偏见地表现出你是在真诚地倾听，设身处地地理解对方的想法或行为，不急于表达自己的观点，在对方情绪平静下来后或者明确表示希望获得你的意见或建议时，你再与其分享你的观点。同理心式倾听不是被动地听，也不是抱着找出对方观点毛病的想法去听，而是带着开放、理解甚至欣赏的心态去听。

《高效能人士的七个习惯》一书中有一段非常经典的父子沟通案例。这一案例比较了是否运用同理心式倾听的不同效果。

未用同理心式倾听的沟通效果示例

（儿子说：）“上学真是无聊透了！”

（父亲说：）“怎么回事？”（探究式倾听）

“学的都是些不实用的东西。”

“现在的确看不出好处来，我当年也有同样的想法，可是现在觉得那些知识还挺有用的，你就忍耐一下吧！”（评价式倾听）

“我都已经耗了10年了，难道那些$X+Y$能让我学会修车吗？”

“修车？别开玩笑了。”（评价式倾听）

“我不是开玩笑。我的同学王明辍学修车，现在月收入不少，这才有用啊！”

“现在或许如此，以后他后悔就来不及了。你不会喜欢修车的。好好念书，将来不怕找不到更好的工作。”（评价式倾听）

“我不知道，可是王明现在很成功。”

“你已尽了全力了吗？这所高中是名校，应该差不到哪儿去。”（探究式、评价式倾听）

“可是同学们都有同感。”

“你知不知道，把你养到这么大，你妈和我牺牲了多少？你已经读到高二了，不许你半途而废。”（评价式倾听）

“我知道你们牺牲很大，可是不值得。”

“你应该多读书，少看电视……”（评价式倾听）

“爸，唉……算了，多说也没什么用。”

以上沟通，父亲可谓用心良苦，但并未真正了解孩子的问题。让我们再来看一看运用了同理心式倾听后的沟通过程和效果。

运用同理心式倾听后的沟通效果示例

（儿子说：）“上学真是无聊透了！”

（父亲说：）“你对上学有很深的挫折感。”

“没错，学校的东西根本不实用。”

“你觉得读书对你没什么用。”

“对，学校的对我不一定有用。你看王明，他现在修车的技术一流，这才实用。”

“你觉得他的选择正确。”

“嗯，从某个角度看确实如此。现在他收入不错，可是几年后，或许会后悔。”

“你认为将来他会觉得当年做错了决定。”

“一定会的，现在的社会里，教育程度不高会吃亏。”

“教育很重要。”

“对，如果高中都没毕业，一定找不到工作，也上不了大学。有件事……我真的很担心，你不会告诉妈吧？”

“你不想让你妈知道？”

“不是啦！跟她说也无妨，反正她迟早会知道。今天学校举行阅读能力测验，结果我只有小学程度，可是我已经读高二了！”

儿子终于吐露真言，原来他担心阅读程度不如人。此时才是父亲发挥影响力、提供意见的时刻。不过在开导过程中，依然要注意孩子言谈间所传达的信息。若遇到合理的反应，不妨顺其自然；但遇到情绪性反应时，必须仔细聆听。

“我有个构想，也许你可以上补习班加强阅读能力。”

“我已经打听过了，可是每星期要耗掉好几个晚上！”

父亲意识到这是情绪性反应，又恢复将心比心（同理心式）倾听。

“补习的代价太高了。”

"而且我答应同学，晚上一起看节目。"

"你不想食言。"

"不过补习如果真的有效，我可以想办法跟同学改时间。"

"你其实很想多下点儿功夫，又担心补习没用。"

"你觉得会有效吗？"

孩子又恢复了理性，父亲则再次扮演导师的角色。

感受到同理心式倾听的作用了吗？正如案例中的孩子，人们更多是在有问题、困惑或情绪时希望找人沟通，而此时人们首先希望从你那里获得的是理解。

怎样表现出你的理解呢？不要猜测，别急着下结论，也不要马上给出支持或反对的意见和建议，更不要批评，而是用同理心式倾听的方式做出回应，因为同理心式倾听后的回应最易于对方感受到你理解他并真正地关心他。其他的倾听方式中，往往以你为沟通的中心；而同理心式倾听中，你是以对方为沟通的中心！

何时运用同理心式倾听

那么何时运用同理心式倾听才最有效呢？

- 对方只是要找个人听他说话时。
- 对方在交流时表现得很情绪化时。
- 人际关系紧张或信任度较低时。
- 不确定是否了解情况时。
- 不肯定对方是否确信我们理解与否时。

同理心式倾听的 3 种境界

同理心式倾听有 3 种境界，如图 5-2 所示。

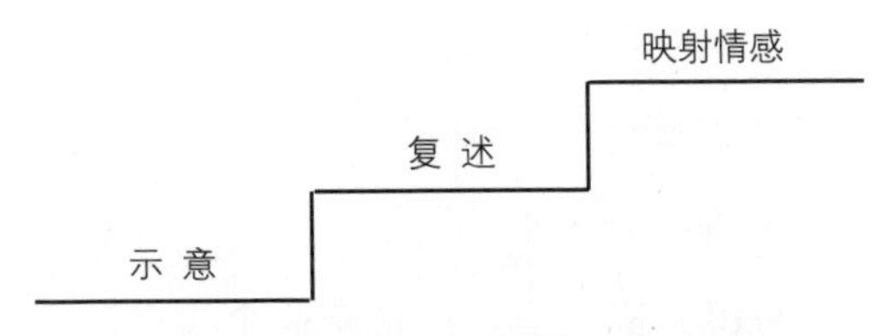

图 5-2　同理心式倾听的 3 种境界

第一种（也是基本的）境界叫“示意”，就是你要用自己的面部表情、动作姿势等身体语言表现出你在真诚地倾听。

第二种境界叫“复述”，是用你的话语复述对方所表达的意思并等候对方的确认。

第三种（也是最高的）境界就是“映射情感”：常用“听得出来”“看来”这样的说法直接引出你所能够体会到的对方的感受。

我们还是用前面用过的例子来说明同理心的这 3 种境界。

他说：“来一线城市工作，除觉得有更多的工作机会以外，其实也想建立更多的人脉，这样今后发展也能有更多的空间。可是现在一天工作从早忙到晚，累得要死，根本没时间也没心情社交。”

示意

你听到对方这样诉说时，你的表情应该怎样，身体姿势应该怎样，才能让对方感受到你真的在关注他呢？

复述

例如，你可以回应：“你的意思是说理想很丰满，但现实很骨感，对吗？”这样的回应虽不能完全反映对方的心情，但归纳了对方所要表达的意思，目的是进一步了解对方的想法。

映射情感

例如，回应：“听起来你对目前的状况挺无奈的。”直接映射对方情感，这么做会更容易让对方感受到你在真诚地倾听、愿意去理解，对方才愿意跟你进一步沟通，你也才能够更有效地影响或帮助对方。

我们再来看一段对话。

主管：林娜，你请坐。你接手这个新项目已经有一个月了。感觉怎么样啊？

员工：我觉得很好，谢谢！

主管：那很好。新工作和你原来想的一样吗？

员工：是啊，差不多吧。

主管：那也很好啊！你现在的工作责任可比以前重多了。

员工：有时候我会觉得有压力，不过多数时候没什么问题。

主管：没有比你开始时想的糟吧？

员工：呃，大概没有。只是我先生时不时有些抱怨。

主管：理解，我太太也总埋怨我工作忙！你和同事相处得怎么样？他们是不是称职？

员工：当然，当然，他们绝大多数还是很负责的。

主管：难道你不觉得刘丽有时候动作慢了点吗？前任产品经理常向我抱怨她。

员工：刘丽是有点慢，不过我觉得她还是很仔细的……

主管：那是那是。好了，看起来一切都进展顺利。你在工作上有什么事需要我支持的吗？

员工：嗯……我想不出有什么。多谢您关心了。

主管：好，跟你谈谈真好。你不觉得吗？你如果有什么问题需要我帮助，或者有什么事情想要和我谈，随时都可以来找我。

员工：谢谢您，我会记得的。

这位主管的倾听存在什么问题？这段对话中，哪里需要这位主管进行同理心式倾听而他没有做到？是不是正因为主管平常就采用这样总以自己为沟通中心的倾听和沟通方式，所以员工在沟通时也只想用“差不多”“大概”“当然”这样的话尽快了事呢？这样的沟通有价值吗？

这段对话中，主管至少在员工表达“有时候我会觉得有压力，不过多数时候没什么问题”和“只是我先生时不时有些抱怨”时，应做到同理心式倾听。而他的回应却是“没有比你开始时想的糟吧？”（猜测式倾听）和“理解，我太太也总埋怨我工作忙！你和同事相处得怎么样？他们是不是称职？”（些许同情，马上就转入了探究，但探究的是新的话题）。这样一来，员工还愿意同主管继续沟通吗？

如果主管运用了同理心式倾听，效果会是怎样呢？

员工：有时候我会觉得有压力，不过多数时候没什么问题。

主管：（示意：表情变得有些凝重）是吧，什么压力，说来听听。

员工：也没什么大问题，只是我先生时不时有些抱怨。

主管：（映射情感）看来这个项目给你的家庭生活带来了一些困扰。

员工：是啊，黄经理，我一直想跟您聊聊我该怎么处理好目前工作和家庭的关系……

现在我们来做一个同理心式倾听练习。

如果对方这样来同你沟通，你会怎样运用同理心式倾听的方式做出回应?

同理心式倾听练习

1．“他们总是得到好项目，而你给我的项目总是那么没新意。”（口气带着气愤）

2．“头儿，质量控制真的是那种能让我着迷的工作。而且这一工作能让我接触不同的领域，我不爱整天在办公室坐着。”（十分兴奋）

参考答案

1．示意+复述：表情关切，若是你坐着而对方站着，你需要站起来，听后用体谅的口气说：“你是说我的分工太不合理，是吧？”

示意+映射情感（更理想的倾听方式）：表情关切，若是你坐着而对方站着，你需要站起来，听后用体谅的口气说：“看得出来，你对我的工作分配很不满意。”

2．示意+复述：表情愉悦，高兴地说：“你是说这个工作很适合你，对吧！”

示意+映射情感（更理想的倾听方式）：表情愉悦，甚至可以拍一下对方的肩膀，高兴地说：“看来这个工作让你很满意，简直就像为你量身定做的！”

在生活和工作中需要运用同理心式倾听的时机很多，因为人们多数会在有困惑、难题时，或者在需要情绪、情感宣泄的状态下，希望同别人去沟通。一个人带着情感、情绪来与你沟通，你如果不解决其情感、情绪上的问题，是很难让他理性地去思考需要解决的问题的。同理心式倾听就是架设在感性与理性之间的一座奇妙的沟通桥梁。

何时运用其他倾听方式

同理心式倾听并不排斥其他倾听方式，而是说我们在与人沟通时，尤其是在我们与对方还没有很深的交往时，应避免首先运用其他的倾听方式。当与对方形成一定的融洽和默契关系，对方表现出对你有足够的信任并向你理性地寻求建议时（如父子的例子中儿子开始寻求父亲对补习的建议，主管和员工的例子中员工开始向主管征求工作和家庭之间关系处理方面的建议），你就可以开始运用诸如猜测、评价、同情、探究等其他倾听方式去回应，将沟通深化。不过，一旦对方又出现情绪或情感的反应时，你又得注意要用同理心式倾听了！

比倾听技巧更重要的是倾听后的行动

有一点必须强调：别人最终判断你是否倾听了的标准不是你的技巧，而是你的行动！由于工作的繁忙和任务带来的挑战压力，同事间讨论问题时难免心急，争论也时有发生。在大家已经达成了相互的信任和尊重的前提下，争论并不一定是坏事，反而可能有助于产生更好的解决问题的方法。然而，一旦达成了共识，大家就应该按决议去执行。这时，你可能发现，讨论时争论得最激烈、显得最固执己见的人（当时你甚至觉得他根本不爱倾听）可能在执行过程中做得最好；而那些显得乐于倾听的人却执行不力。其实，真正善于倾听的人，并不害怕争论和冲突。他关注的是何时应该采取何种倾听与回应的方式，以获得最有利的效果。

讲究倾听技巧，当时会给对方很好的感受；倾听后你如何行动，才是对方评价你的倾听能力的真正标准。所以，倾听技巧虽重要，但更重要的是倾听后的行动！

提问技巧

提问技巧涉及问题的形式、问题的内容、问题的引出和问题的顺序。

问题的形式

- 开放式问题，即没有固定答案的问题。例如：
  - 你对这部电影如何评价?
  - 你对今年股市的走势怎么看?
  - 你选择这一方案的原因是什么?
  - 你对下一步的打算是什么?
  - 我们还可以采取什么其他的措施?
- 封闭式问题，即有固定答案，答案为“是”或“否”，或者需要做出选择的问题。例如：
  - 你的姓名是什么?
  - 你爱看电影吗?
  - 你最喜欢的理财方式是什么?
  - 这3个方案当中，你倾向哪一个?
  - 你今后打算自己创业吗?

问题的内容

- 事实型问题，即有客观答案的问题。例如：
  - 你的生日是哪天?
  - 昨天的上证指数是多少点?
  - 项目进度如何?
  - 明天的议程是什么?

 - ➢ 本季度的销售情况怎样?

- 想法型问题，即答案只能从被问者那里获得的问题。例如:
  - ➢ 经过这一培训，你的主要收获是什么?
  - ➢ 你喜欢这部电影吗?
  - ➢ 你辞职的原因是什么?
  - ➢ 你认为影响绩效的因素有哪些?
  - ➢ 我们应该怎样预防类似问题的发生?

将问题的形式和内容相结合，问题就有了 4 个类型（见图 5-3）：开放式事实型问题、封闭式事实型问题、开放式想法型问题、封闭式想法型问题。

	开放式问题	封闭式问题
事实型问题	“议程是什么？”	“会议几点开？”
想法型问题	“为什么要有这项议程？”	“会议有必要开这么长吗？”

图 5-3 问题的 4 个类型

想一想，你要从对方那里了解某个情况时，是不是通过问这 4 种问题就能获得比较全面的信息呢？图 5-3 中列举了有关会议的 4 个问题，是不是由此就对该会议有了比较全面的了解呢?

再看两个例子。

如果你想了解对方参与的项目的进展情况，你会怎样问?

- ➢ 项目是在按期执行吗？（封闭式事实型问题）
- ➢ 哪些因素在影响项目进展？（开放式事实型问题）
- ➢ 你认为要按时完成项目有哪些挑战需要面对？（开放式想法型问题）

- 对按时完成项目有信心吗？（封闭式想法型问题）

同样，你如果想了解对方的度假旅行，你会怎样问？

- 行程都有些什么安排？（开放式事实型问题）
- 印象最深的景点是哪个？（封闭式想法型问题）
- 总共几天？（封闭式事实型问题）
- 值得去的理由是什么？（开放式想法型问题）

看了这些例子后你有什么发现？哪类问题的价值最大？事实型问题还是想法型问题？开放式问题还是封闭式问题？

答案是，不论对提问者来说还是对被问者来说，开放式想法型问题的价值通常是最大的。原因在于：

- 事实型问题的答案具有客观性，意即提问者也可以从其他渠道获得答案。过多地提问事实型问题，会让对方感到你太不了解情况或在进行审问，或者感到你不信任甚至在怀疑对方。
- 开放式想法型问题的答案不仅会对提问者有很大启发，也会帮助被问者更深入地反思，有利于双方的成长和关系的深化。
- 如果你能没有顾虑地问对方想法型问题，尤其是开放式想法型问题，不正是意味着你同对方已经建立了相当好的信任关系吗？而这不正是人际沟通要达到的一个目的吗？

因此，你若在沟通中有更多时间向对方提开放式想法型问题，你的人际沟通会更为有效！

问题的引出

1．直接提问

不做任何铺垫，直接提出问题，适合人际关系较近和时间较紧的情况。

2．委婉开头

在问题之前加上“请问”“可否问一下”“冒昧地问一下”“您是否介意我问”等礼貌措辞，以避免因关系还不够熟而可能出现的唐突或尴尬。

3．目的说明

在问题之前说明提问的目的，让对方感到问题不仅对你有价值，对他本身也有好处。例如：“为了使我们的方案能够更符合您的要求，我想了解一下……”“为更好地配合你们的工作，我想问一下……”目的说明适用于对对方来说可能比较敏感的话题。

4．联系前言

在问题之前加上对方曾经说的话，不仅可以体现你对对方的尊重，而且使你的提问顺理成章。例如：“您上次说希望同我们有进一步合作，您可否谈谈您的打算？”“您刚才提到有关人才保留的现实挑战，能否介绍一下贵公司在人才保留方面的做法？”

问题的顺序

你如果需要提不止一个问题，就要考虑问题的顺序。

1．敏感性顺序

对关系近的人，提敏感性问题不用太多顾虑，想问就问，但要注意场合；对还不够熟的人，提敏感性问题就要慎重，不能操之过急，应该先从不敏感性问题问起，还要注意问题的引出方式。

2．重要性顺序

重要的问题一定尽早提出，尤其在时间紧迫的情况下。当然，根据沟通对象，也要注意问题的引出方式。

3．内容性顺序

提问通常从事实型问题开始，但尽量控制问事实型问题的时间。有效沟通应花更多时间在想法型尤其是开放式想法型问题上。

影响和说服他人的表达法

在人际交往过程中，我们少不了要去影响和说服他人。要达到此目的，简单有效的表达法为：说明这样做对客户的好处（1）；说明这样做对对方所在组织（公司）的好处（2）；说明这样做对对方所在团队（部门）的好处（3）；最重要的是，一定要说明这样做对对方个人的好处（4），如图 5-4 所示。

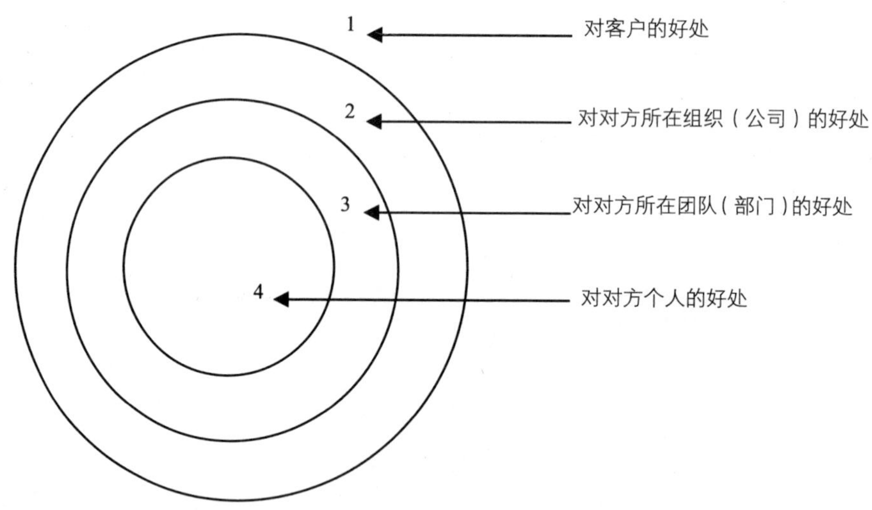

图 5-4　影响和说服他人的表达法

说明对每一个利益相关方的好处时，还可以采用长期、中期、短期（利益）的时间逻辑，以增强你的观点的说服力和影响力。善于影响和说服他人的人尤其关注并突出其主张对对方个人的好处，这样的沟通是最能打动人的！

但有时仅仅说明好处还达不到足够的说服力，你还需要说明不按你的主张去做会对客户、对方所在组织、对方所在团队尤其是对方个人造成什么样的不利影响甚至危害。你要说服别人购买产品、参与项目、改善绩效等都可以运用以上逻辑。

当然，你是否真正能够做到影响和说服他人，必须以你是否值得信任作为前提。做事之前先做人，人际沟通亦如此。要想做好人际沟通，更好地影响和说服他人，一定要不断修炼好自己的为人！

思考

- 生活和工作中，你最喜欢同什么样的人打交道？为什么？
- 你不喜欢同什么样的人打交道？这样的人身上有没有值得你学习的地方？
- 今后你将如何更有效地建立人际关系？
- 你将如何维护好现有的人际关系？

收获及行动计划

主要收获	工作和生活中 如何应用	怎样检验应用 （知行合一）的效果
1.		
2.		
3.		
4.		
5.		
……		

功夫六

常用公文写作

公文，即公务文书、公务文件，是在公务活动中形成和使用的文书材料。

公文按内容可分为行政性公文和事务性公文两大类。行政性公文包括命令、议案、决定、制度、流程、意见、通告、通知、通报、报告、请示、批复、函、会议纪要等；事务性公文包括电子邮件、计划、记录、总结、调查报告、个人简历等。

本门功夫涉及的公文是职场人自身最常需要撰写的文书，包括电子邮件、工作计划、工作总结 / 汇报、调查报告、申请和请求、会议纪要、个人简历等。这些公文写得好不好，同样可以从一个侧面反映一个人职业化水准的高低。

本门功夫的要领

- 公文写作的通用原则
- 电子邮件的写法
- 工作计划的写法
- 工作总结 / 汇报的写法
- 调查报告的写法
- 申请和请示的写法
- 会议纪要的写法
- 个人简历的写法

公文写作的通用原则

- 对象明确。公文撰写完成后都有十分明确的呈送对象。
- 主题鲜明。开门见山，文章一开始就要清楚地说明写作的目的、主题、结论、要表达的观点或中心思想。

- 逻辑清晰。重点突出，主次分明，条理有序。
- 论据真实。论据一定要以事实为依据，不能虚假。
- 文字简洁。行文力求简洁，同时要准确、严谨、规范。

电子邮件的写法

尽管微信、QQ 为人们实时、高效传递信息提供了便利与可能，但电子邮件可以说仍是工作中非常普遍和职场人经常使用的与他人沟通的正式公文形式。电子邮件的写法同传统信函的写法之间的差别不大，区别主要在于结构和功能。

邮件头

结构上，电子邮件除正文外，还包括邮件头，邮件头相当于传统信函的信封。邮件头内容包括以下几项：

- 收件人邮箱地址。收件人是相关工作或事件的当事人。如果当事人为多个，那么这些人的邮箱地址都要输入这一栏。收件人有义务对邮件做出回复。
- 抄送人邮箱地址。抄送人是指不一定与邮件内容直接相关，但需要知晓相关信息的人。抄送人通常是发件人和收件人的上级，或者是相关部门的领导或同事。抄送人无义务回复。
- 密送人邮箱地址。密送人可看到收件人和抄送人的邮箱地址，但收件人和抄送人看不到密送人的邮箱地址。密送是为发件人提供的一个传递相同信息的便利工具，以避免收件人和抄送人不必要的猜忌和误解。但使用此工具时，一定要慎重，防止泄密。
- 群发单显。可将邮件同时发给多人，但收件人只能看到发件人和自己的邮箱地址。

- 主题。主题是邮件的中心思想，可用“关于……事宜”这样的措辞。
- 添加附件。可添加与邮件内容相关的参考文件作为邮件的附件。

从邮件头的内容，就可以看出电子邮件在功能上的优势：

- 如需要，一封邮件可同时传送给多个相关人员，大大节省了沟通的时间和经济成本。
- 群发单显如使用得当，不仅节省发件人时间，还能让每个收件人都获得独特的尊重感。
- 加上附件后，电子邮件一次可以方便地承载和传递比传统信函更多的信息。
- 电子邮件发出时不用特别注明撰写时间，发出后系统会自动显示发出时间。

邮件正文

电子邮件的正文包括3部分内容。

1. 收件人称谓

正文第一行顶格写对收件人的称呼。

- 如果收件人为多人，称呼应针对所有收件人，如“尊敬的各位”“大家好”。
- 如果收件人为1位，另有抄送人1位或多位，称呼应针对收件人。

2. 邮件主体

邮件主体应尽量简洁，符合前面所说的“公文写作的通用原则”。

3. 邮件结尾

- 邮件最后要使用礼貌用语，如“祝好”“顺祝商祺”“谢谢”等。
- 落款写明发件人的姓名、职位、联系方式等。

 撰写电子邮件时的注意事项

1．内容

- 主题内容如果确实很重要和紧急，可加“*”“！”等标记。
- 邮件正文应简明扼要，多用序号或排序符号将内容分条阐述。如果具体内容确实很多，通常应另行准备文件，将其作为附件添加到邮件中。
- 如果邮件带有附件，应在正文里面提示收件人查看附件。正文还应对附件内容进行简要说明，特别是带有多个附件时。
- 附件不宜过多，超过 4 个应打包压缩成一个文件。

2．发送

- 只给需要信息的人发送邮件，不要随意抄送。
- 关于多个收件人、抄送人的排列顺序，通常按级别由高至低排序。
- 在发送邮件之前，务必检查行文是否通顺、标点是否正确、是否有错别字。

3．回复

- 收到他人的邮件后，应尽快回复，最好在 2 小时以内。
- 如果因事情复杂而无法及时确切回复，应及时回复“收到”，说明处理程序。
- 如果因出差或休假等而不能及时回复，应使用自动回复功能，说明情况，并附上紧急联系人的姓名和联系方式。
- 对一些优先级低的邮件，可集中在特定时间处理，但一般不要超过 24 小时。
- 回复对方邮件时，应当根据回复内容的需要更改主题，不要将一大串“RE：”放在那里。

电子邮件写法示例

下面我们来看一封电子邮件的写法示例。

电子邮件写法示例

收件人：zjw@opq.com, hrf@opq.com

抄送：ld@opq.com, cyy@opq.com

主题：对×××事件的处理建议

附件：×××事件详情

张经理、瑞峰：

二位好！

关于×××事件（详情请参考附件），需要和你们二位沟通一下：

1．……

2．……

对此事的处理方式，我有如下建议：

1．……

2．……

3．……

是否可行，请回复。谢谢！

陆铭

质检部经理

电话分机：6527

工作计划的写法

工作计划是对未来一段时间开展的工作的设想和安排，是企业绩效管

理的重要组成部分，通常在绩效目标制订阶段撰写。主要内容包括：

- 工作目标和主要产出，即在计划期内应完成的任务。工作目标和主要产出要与企业的绩效目标相关。
- 工作的完成期限。
- 关键绩效指标，用来评估工作的完成情况。
- 行动步骤，即执行计划的工作程序和时间安排。
- 所需资源，即为达到既定目标需要采取什么手段、动员哪些力量、创造什么条件、排除哪些困难等。
- 权重，即在该项任务上花的时间和精力的比重，体现该任务的重要程度。

工作计划通常会用表格形式制订，如表 6-1 所示。

表 6-1　下半年工作计划表

计划制订人：孙××　　　　　　　　　　　　　　　　　　主管上级：林××

计划制订时间：××××年 6 月 15 日

目标 / 产出	完成期限	关键绩效指标（KPI）	行动步骤	所需资源	权重
完善《大客户管理规范》	7 月底	• 大客户管理责任明确 • 大客户管理流程清晰 • 大客户的需求管理在规范中得到体现	• 7 月 20 日前完成初稿 • 7 月 20 日至 26 日与主管、同事一起完善初稿 • 7 月 30 日出台新规范	• 原《大客户管理规范》 • 客户反馈	20%
调整部门内的组织结构	8 月 15 日	• 能够以小组的形式面对大客户 • 团队成员的优势能够进行互补和发挥	（略）	（略）	10%

续表

目标 / 产出	完成期限	关键绩效指标（KPI）	行动步骤	所需资源	权重
建立大客户数据库	10月底	• 大客户信息全面、准确、及时地反映在数据库中 • 大客户数据库与整个公司的管理信息系统有接口 • 保证数据安全 • 使用便捷 • 具有深入的统计分析功能模块	（略）	（略）	20%
完成对大客户的销售目标 • 大客户的数量 • 销售额 • 客户保持率	12月底	• 大客户数量达到30个 • 销售额达到2.5亿元 • 客户保持率不低于80%	（略）	（略）	50%

工作总结 / 汇报的写法

工作总结 / 汇报是对过去一段时间的工作或某项工作的回顾总结，同样是企业绩效管理的重要组成部分，为绩效评估提供依据。工作总结 / 汇报的结构和内容如下所示。

1. 标题

标题一般为“×××（时间段，如2015年、上半年、第三季度等）工作总结”；或者采用双标题，以一句具有概括性意义的话作为主标题，如“团结协作结硕果”，副标题则为“×××（时间段）工作总结”。

2．正文

正文一般分为 4 个部分：

- 对工作的简要回顾，与工作计划中的工作目标和主要产出相呼应。
- 对工作成绩和经验的总结，是工作总结 / 汇报的中心和重点，要与工作计划的关键绩效指标和行动步骤形成呼应。
- 对存在的问题和教训的总结。
- 下一步努力的方向。

3．落款

落款写明总结 / 汇报人（署名）和总结 / 汇报日期。

调查报告的写法

调查报告是对某项工作、某个事件、某种做法或某个问题进行认真调查后，将收集到的材料加以系统整理和分析研究，以书面形式向相关方汇报调查结果的一种文书。调查报告的结构和内容如下所示。

1．标题

标题一般为“关于×××的调查报告”。

2．正文

正文包含 4 方面内容。

- 调查的原因、目的和期望达成的目标。
- 调查对象。
- 调查方法及其经过概要。
- 调查结论及其主要论据。

3．结语

结语一般总结主要观点，并对下一步工作提出概要性建议。

4．落款

落款写明报告人（署名）和报告日期。

申请和请示的写法

申请和请示的对象都是主管机关或领导。申请的作用是供申请人就已有的意愿和决定请求批准，如“入党申请”“×××培训申请”“购买×××（物品）申请”等。请示的作用在于获得主管机关或领导对请示人所提方案的可行性的指示，目标不仅包括获得批准也包括获得指导性意见。

申请的结构和内容

1．标题

标题直接写“申请书”，或者在“申请书”前加上内容（如“×××培训申请书”“调换工作申请书”等）。

2．正文

正文包含3部分内容。

- 称谓。顶格写明受理申请的主管机关或领导，可加“尊敬的”这样的敬语。
- 申请事项。必要时简单说明你是谁，如“我是×××，申请×××（物品）”。
- 申请理由。要求言简意赅、客观真实、充分合理。

3．结尾

- 另起一段，使用惯用语“特此申请，请批准为盼”“恳请（领导）批准”等。
- 落款前分两行写“此致”“敬礼”。

4．落款

落款写明申请人（署名）和申请日期。

请示的结构和内容

1．标题

标题一般为“关于×××的请示”。

2．正文

正文包含3部分内容。

- 称谓。顶格写明受理请示的主管机关或领导，可加“尊敬的”这样的敬语。
- 请示事项。要求具体明确。
- 请示理由。要求言简意赅、客观真实、理由充分。

3．结语

结语要另起一段，使用惯用语“当否，请批示”“妥否，请批复”“以上请示，请予审批”“特此请示，望（领导）尽早予以批复为盼”等。

4．落款

落款写明请示人（署名）和请示日期。

会议纪要的写法

会议纪要同会议记录不同。会议记录是会议全过程（包括所有发言）的原始记录。会议纪要是总结性文件，说明会议的主要内容，尤其是会议达成的决议，作为下一步落实和执行工作的依据。会议纪要一旦发布，就具备了行政指令的功能。

下面我们来看一下会议纪要的常规模板。

会议纪要的常规模板

会议纪要

会议名称：______________________________

时间：______________________________

地点：______________________________

主持人：______________________________

出席人员：______________________________

缺席人员：______________________________

列席人员：______________________________

纪要整理人：______________________________

议程概要：______________________________

____

会议决议：______________________________

____

成文时间：______________________________

发布对象：______________________________

个人简历的写法

个人简历是职场人在职业发展方面的必备武器。现在很多企业要求应聘者在网上按照一定格式填写简历，以便于筛选。在此重点介绍写作和投递简历时的注意事项。

- 介绍工作经历时，每项内容以动词开头，体现做过的工作和拥有的经验。
- 尽量说明所从事过的关键工作给企业带来的效益和积极作用，以体现你的能力、潜力和价值，这也是用人单位筛选简历时最为关注的地方。
- 一定要准备一份完整版的个人简历，但切忌千篇一律地给每个用人单位投递同样的简历。每次投递简历时，应根据用人单位自身特点和岗位特性，选择履历中最符合条件的背景，形成对用人单位来说更具针对性的个人简历。
- 如果用人单位需要你投递纸质版简历，上网搜索一些简历的包装样式，给自己简历的“外貌”也适当修饰一番，使其变得更抓人眼球。

个人简历的结构和内容可参考以下模板。

个人简历的标准模板

个人简历

姓名：

联系方式：

（性别、年龄、身高不属于必写项）

求职意向：

相关工作经历：（一般采用倒叙法，从最近的工作经历写起）

- 企业名称、工作起止时间、担任的最高职务。（如果在此企业工作时一直担任同一职务，直接列举代表性工作和相关成绩即可；如果在此企业从事过多个岗位，从最近的岗位开始列举代表性工作和相关成绩）
  - 岗位名称，起止时间
    - 代表性工作和相关成绩 1
    - 代表性工作和相关成绩 2
    - ……
  - 岗位名称，起止时间
    - 代表性工作和相关成绩 1
    - ……
- 其他工作经历依此逻辑列举。

教育背景：学历、相关专业课程等。

专业资质：相关培训、认证、创作、获奖经历等。

兴趣特长：可以引起用人单位注意的兴趣和特长。

对本人的总结性描述：……

希望以上这些职场常用公文的示例和模板能成为你在公文写作时的好帮手！

思考

- 你常写的公文是什么？本门功夫对此有何帮助？
- 你的个人简历应进行哪些改善？

收获及行动计划

主要收获	工作和生活中 如何应用	怎样检验应用 （知行合一）的效果
1.		
2.		
3.		
4.		
5.		
……		

功夫七

商务讲话

职场人士免不了要在商务情境中当众讲话。商务情境通常指以下这些场合（当然可能不止于此）：

- 大型或小型会议；
- 招投标过程中进行销售展示；
- 主持讨论；
- 培训各类员工。

本门功夫的要领

- 商务讲话 3 要素
- 商务讲话的 6 项准备
- 当众讲话“4/15 行为技巧”
- 90/20/8 原则
- 答疑技巧
- 处理异议技巧

商务讲话 3 要素

双向沟通、口语化的表达及利用视听辅助手段正是商务讲话的 3 要素。所以，商务讲话不仅需要你讲，还需要你运用各种讲话技巧保证听众能够明白和接受你所讲的内容。要达到这种效果，你至少需要运用简明易懂的语言（即口语化的表达）及视听辅助手段。目前商务情境中常用的视听辅助手段就是 PowerPoint（即 PPT）。

商务讲话的 6 项准备

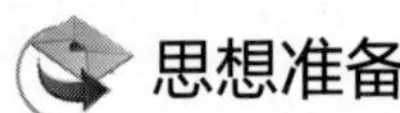

思想准备

首先，要确定讲话的目的。讲话的目的主要有两种：

- 说明，即介绍、解释。
- 说服，即让听众在听了你的讲话之后采取行动。

其次（却最重要），要分析听众。分析听众时需要考虑以下几个方面。

- 听众的背景，包括其国籍、民族、职业及职务、受教育程度、年龄层次、兴趣爱好、家庭背景及情况、个性特征及弱点等。了解得越多、越细则越好。
- 听众中你需要影响的关键人物是谁?
- 听众（尤其是当中的关键人物）期望什么？有可能提出的问题或异议是什么?
- 听众对你所讲内容的了解程度如何?
- 听众对你、你所代表的集体及你所讲的内容持有何种态度?
- 听众当中有无你的支持者?

只有了解听众，你的讲话才会有的放矢，因为这样你才可以在讲话中运用最恰当的态度和语言去感染、打动听众。

最后，要自我定位。这一点其实十分必要。这里的“自我定位”是指，作为讲话者，你应该清楚听众希望你以什么身份或姿态出现在他们面前。会议发言时，你的身份是团队领导、下属还是同级？投标过程中，你是纯粹的供应商，还是招标方的战略伙伴？既然是讨论中的主持人，你就不要喧宾夺主。倘若做培训，你就要考虑学员希望你是课题专家，还是希望你做引导者和启发者。恰如其分的定位会使你很快拉近与听众的距离，令气氛轻松和谐。

结构与内容的准备

商务讲话中常用的三种结构如下，这些结构同样适用于即席发言。

第一种讲话结构——通用结构

1．开头

我们常说：“好的开头，是成功的一半。”这句话同样适用于商务讲话。倘若你的讲话能在一开头就引起听众的兴趣，那么后面的内容讲起来就会更加轻松自如。

还记得身体语言在口头沟通中的重要作用吧。有些人当众讲话时会怯场，这从他们一上场的身体语言当中就可反映出来。例如，手足无措、抓耳挠腮、不敢看听众等。一旦讲话者有这样的表现，那么听众对讲话内容的信心就会大打折扣。

因此，出色的讲话者都会十分注重讲话开头时的身体语言。微笑体现亲和力，目光关注听众使你散发自信的光彩。

接下来的 5 步骤可以帮助你语言流畅地吸引听众的注意力。

（1）问候（必要时做自我介绍）。

（2）交代讲话的时间长短。

（3）说明讲话的目的 / 目标。

（4）列出内容提要。

（5）声明听众可以提问的时间。

步骤（2）～（5）的顺序并不严格，但都很有必要。

2．主体

根据各部分的内容，先确定使用哪些“4/15 行为技巧”（下文会讲解），即确定怎样讲最有效，再去组织材料。

- 第一部分：
  - 概要；
  - 用“4/15 行为技巧”讲解；
  - 小结。
- 其余部分的结构与第一部分相同，此处不再赘述。

（每 90 分钟休息 15 分钟或每 75 分钟休息 10 分钟。上午可少休息，下午可多休息）

3．结尾

- 以“说明”为目的的讲话，重申内容提要并强调要点。
- 以“说服”为目的的讲话，确认听众是否理解及行动。

4．提问

最后还应欢迎提问。若用祝愿的话、令人激动的类比或小故事结束，更能令听众印象深刻。

第二种讲话结构——适用于业务报告

（1）现状介绍：业绩状况、市场形势、财务状况等，通常用图表说明。

（2）对现状的分析。

（3）拥有的优势。

（4）面临的挑战。

（5）建议。

（6）所需资源。

（7）行动计划。

第三种讲话结构——适用于销售展示

（1）客户的具体问题。

（2）我们的解决方案。

（3）这些解决方案的好处。

（4）具体方法和时限。

（5）对客户的期望和要求。

（6）我们的资信，包括第三方见证资料。

下面来看一个出色的销售展示的例子。这一讲话并未拘泥于第三种结构，而是融合了以上几种结构的精华。以上套路并不是要束缚你的手脚，而是帮助你拥有商务讲话的蓝本，供你活学活用。

商务讲话范例

客户：A 公司

讲话者：来自 B 公司

开头 **营造融洽气氛**	尊敬的张经理及各位，感谢你们今天的邀请。你们的热情让我很快忘记了刚才一路上拥挤的交通带给我的不快！
有关客户关注问题的陈述	在过去的几个月当中，我有幸同张经理多次会面，也做了多次实地考察，反复研究了贵公司目前的通信系统及其对公司的长期和短期目标的影响。在这里，我将我的发现做一下通报。 我的第一个发现是贵公司的短期目标是要能及时应对顾客需求并在安全的环境中为顾客提供服务，长期目标是让 A 公司成为顾客首选的服务提供者、行业标杆。为实现短期目标，贵公司拥有训练有素的

现场维护人员及优质的维护设备。贵公司与公众一直保持着良好的沟通，在业界也有着很好的声誉，这些都对公司实现长期目标大有裨益。

通过我的实地考察和同张经理的多次探讨，我们确认维护人员一旦到了现场确实会遇到通信问题。例如，公司目前的通信系统不能保证通信的完全可靠。现场维护人员不能相互通话，也不能与总部联系。管理人员也不能与现场人员及时联络，除非亲自到调遣中心或使用不同的接收系统。由于联络不便，一些人干脆就关了接收机。

这种情况对公司短期目标的影响便是很难及时将设备运到最需要的现场，从而危及了顾客服务的安全性和及时性——公司的两个重要短期目标。结果是公司也实现不了所提出的另一个重要目标——成为顾客首选的服务提供者、行业标杆。

这样看来，不能在各种情况下实现与现场人员的及时通信，对公司实现及时反应、安全和首选服务提供者这3个重要目标极为不利。

贵公司关心的另一个问题是安装新的通信系统是否会中断业务运作。中断业务会带来更多的拖延并有损公司在公众中的形象。

本公司针对解决问题的资信

根据以上要求，我们B公司可以为贵公司实现短期和长期目标添砖加瓦。原因有二：

第一，我对贵公司的情况十分了解。我同张经理在过去的4个月中一直保持着紧密的联络，访问了不同的一线通信使用者，对目前的通信系统的优劣有着很深的理解。我曾参与为另外两家大公司安装我们B

公司类似系统的工程，目前这两个系统都运转良好。

第二，我们B公司是双向通信领域的领先者，对贵公司的短期和长期目标十分认同。我们奉行“让顾客完全满意”的公司文化，获得过国家最高质量奖。

我们 B 公司已经明确地了解了贵公司的技术要求和业务目标，能够为你们提供符合你们要求的通信系统。我们怎么做呢？

本公司解决客户问题的主要行动

我们将为贵公司安装一套可靠性大大增强的、完整的通信系统。在不中断现有系统的前提下，采用分阶段安装的办法，同时就安装部分的使用对操作人员进行培训。我们B公司还根据贵公司的特殊情况设计了独特的付款方式。

希望听众在演示后采取的行动

在我讲完之后，我将请求各位保证继续支持从我们B公司购买一套完整的通信系统的决策。

各位是否有什么问题？……那好，我继续。

主体

首先来看第一个问题：“我们 B 公司将如何增强贵公司通信系统的可靠性？”有两种方法可以实现——改进现有系统的基础设施及设计一套采用我们B公司独特的中继技术的系统。

第一个结论的论据1

先来谈改进现有系统的基础设施。利用计算机模拟，我们分析出目前哪些地区和部分存在着通信障碍。通过模拟分析，我们的技术人员可以明确应该采取迁移基站、增高信号塔还是增加基站的方法。

各位来看一下我们是怎样利用计算机模拟技术增强你们西区部分通信的可靠性的。

…………

第一个结论的论据2

我们做的增强可靠性的第二件事是将具有开创性的先进技术设计到系统当中。最近在权威的《×××》杂志中的一篇文章，专门介绍了著名的×××公司在安装了我们B公司的采用此技术的通信系统后，通信可靠性提高了25%。

因此，通过计算机模拟和新技术，我们可以增强系统的可靠性。

各位对我们B公司是怎样做到增强通信系统可靠性的还有什么问题吗？

第二点是关于系统安装的问题。我们B公司可以做到在安装新系统的同时不影响你们的正常业务开展。我们怎么做呢？两种方法：第一，制订一到三年分阶段逐步安装的详细规划；第二，每个阶段都就已安装部分的使用对操作人员进行培训。

第二个结论的论据1

各位会注意到规划的主要思想是逐步安装新系统。我们深知任何让服务中断的情况对A公司来说都是不可接受的，我们B公司将分阶段安装并行系统以避免中断贵公司为顾客提供的服务。我们最近收到了一家公司运营副总裁的来信，信中赞扬我们B公司系统安装的便利。我会留一份复印件供你们参考。

第二个结论的论据2

人员培训是实施任何改进的关键。请注意，对每一阶段我们都列出了系统安装之前、当中和之后的培训内容。这将确保贵公司向新系统的过渡，防止任何服务中断的情况发生。

因此，通过制订实施规划及进行培训，我们将保证贵公司不会因为安装新系统而中断业务。

	各位对我们 B 公司将如何为贵公司安装新系统还有什么问题吗?
第三个结论的论据	我最后要说的是付款方式。我为各位准备了一份我已提交给张经理的关于采购我们公司系统的付款计划。这项计划是针对 A 公司今后 3 年的预算周期而做出的，十分灵活。第一笔款项延期到下一年度预算中支付。贵公司财务部已同意这样的安排。各位可以花几分钟看一下这份资料。我十分乐意回答各位的问题，或请您与我们公司财务部人员联系。
结尾 **重申客户关注的问题**	总之，A 公司希望通过在所有服务区增强通信系统可靠性以提供安全、及时的服务，从而保持顾客服务的高水准。这样一来，A 公司将为行业确立优质标准。
简要回顾本公司的问题解决方案	我已经向各位证明我们 B 公司将怎样支持 A 公司实现短期和长期目标，以及如何安装一套完整的、技术超群的通信系统。这套系统既能增强可靠性，又不干扰现有业务。我也向各位证明了我们将在分阶段安装的同时为有关人员提供培训，并证明了付款方式的灵活性。
请求听众采取你所希望的行动	我相信，如果各位把我所讲到的各个方面都考虑进去，结论将十分明显：您决定支持的从我们 B 公司购买新通信系统的决策将非常符合 A 公司现在、不久的将来和多年以后的利益。我在一开始就提到将请求各位做出保证——支持从我们 B 公司购买新系统。我现在正式提出请求，请各位支持。
答疑及处理异议	…………
感谢听众	谢谢各位！

环境准备

对不熟悉的环境，尽量多提前些时间到场，通常检查：

- 空间大小是否适宜；
- 座位排列是否易于交流；
- 光线是否适宜；
- 环境是否有干扰；
- 辅助设施与材料是否齐备；
- 对人员及设施等有无应急要求；
- 是否掌握辅助设施的用法。

对熟悉的环境，你也应提前到场，将场地布置得最适合你的讲话。如果听众为陌生人，应与提前到场的人聊天，了解他们的需求、期望及性格特点，从而令你的讲话更有针对性。

仪表与着装的准备

商务讲话时的仪表、着装通常要职业化，但一定要符合多数听众的文化习惯或企业文化要求，尽量避免一上来就因为你的仪表和着装使听众产生不适和距离感。

辅助设施与材料的准备

商务讲话中常用的辅助设施、材料包括：

- 可以翻页的挂图、白报纸；
- 白板及白板笔；
- 电脑及演示文稿；
- 投影仪；

- 发给听众的书面资料；
- 音响设备；
- 参与性活动的所需物品。

视听辅助是双刃剑。一定避免讲话时过度依赖演示文稿的倾向，不要以为有了这样的技术手段，讲话技巧就不那么重要了。记住，演示文稿制作得再精致漂亮，仍主要是文字形式，即措辞，无法代替讲话者的身体语言和语气、语调、语速，而非措辞因素对听众的影响力要远远大于演示文稿的作用。

小型会议中，讲话者运用白报纸和白板作为其主要视听辅助手段可能就足够了，无须演示文稿。但无论是当场在白报纸或白板上书写，还是事前制作演示文稿，都应遵循“KISS & KILL”原则。

Keep	让
It	文字
Short	简短
Simple	简单
Keep	让
It	文字
Large	巨大
Legible	清楚

白报纸或白板作为视听辅助手段，其关键点如下所示。

- 适用于参与性活动及讨论总结。
- 4——可用多色笔，最多 4 色，以醒目或突出要点。
- 7——每页面不超过 7 行。
- 有图画则效果更好。
- 可将重要页贴出来，起提醒之用。

演示文稿作为商务讲话时常用的视听辅助手段，其关键点如下所示。

- 1——内容集中于 1 个方面。
- 2——最多 2 种字体，每段话不超过 2 行。
- 3——最多 3 种字号，题目 40 或 44 号字、内容 28 或 32 号字为宜。
- 4——最多 4 种颜色。
- 10——最多 10 行（包括题目）。
- 能用图表、数字的，就少用文字。
- 投影为要点，细节靠讲解及其他辅助手段（如散页资料）。
- 讲解时可用激光笔，目光要投向听众，并适时关闭投影。

练习：根据以上演示文稿的制作方法，为前面所述“商务讲话范例”制作演示文稿。（参考答案见附录 7-1。提示：演示文稿在 10 页左右。相信你会比参考答案做得更漂亮！）

现在很多人都是演示文稿制作高手，你也许就是其中一个。在这里我还是要再次提醒，精美的演示文稿虽赏心悦目，但代替不了你讲话时的措辞，尤其是你的身体语言和语气、语调、语速。因此，对商务讲话，不要把精力过度花在演示文稿的制作上！

彩排

重要讲话一定要彩排。彩排时可以为自己录像供自我分析，并倾听彩排听众的意见和建议。彩排有助于你更好地控制讲话的时间和节奏，调整内容的轻重和主次。

以上 6 个方面就是商务讲话需要做的准备工作。附录 7-2 的“商务讲话准备大纲”也可供你参考。

当众讲话“4/15 行为技巧”

行为学研究表明，出色的当众讲话者善于在有限的时间内运用 4 类 15 种行为技巧（见表 7-1）使讲话达到理想的效果。

表 7-1　当众讲话“4/15 行为技巧”

4 类行为技巧	15 种行为技巧
篇章结构	1．引子 / 概要 / 总结
	2．先后 / 主次顺序
	3．过渡自然
联系听众	4．与上下文或听众的话联系
	5．与听众或其经历联系
	6．根据听众讲明的需要，说明可提供的益处
论据补充	7．提供事实
	8．说明优点 / 缺点
	9．例证及形象化解释
	10．引用第三方见证
个人风格	11．根据内容提问
	12．强调重要性
	13．幽默及小故事
	14．有效的身体语言
	15．声音抑扬顿挫

哪怕只是 3～5 分钟的讲话，也可以运用“4/15 行为技巧”。为加深各位对“4/15 行为技巧”的理解，我们仍以前面所述“商务讲话范例”为例，看看该讲话者是如何运用“4/15 行为技巧”的，如表 7-2 所示。

表 7-2 “4/15 行为技巧”实例说明

4 类行为技巧	15 种行为技巧
篇章结构	1．引子：“尊敬的张经理及各位，感谢你们今天的邀请。”［完整的引子包括 5 个步骤：问候（必要时做自我介绍）、交代讲话的时间长短、说明讲话的目的／目标、列出内容提要、声明听众可以提问的时间］ 概要：“我们将为贵公司安装一套可靠性大大增强的、完整的通信系统。在不中断现有系统的前提下，采用分阶段安装的办法，同时就安装部分的使用对操作人员进行培训。我们 B 公司还根据贵公司的特殊情况设计了独特的付款方式。” 总结：“我已经向各位证明我们 B 公司将怎样支持 A 公司实现短期和长期目标，以及如何安装一套完整的、技术超群的通信系统。这套系统既能增强可靠性，又不干扰现有业务。我也向各位证明了我们将在分阶段安装的同时为有关人员提供培训，并证明了付款方式的灵活性。” 2．先后／主次顺序：“根据以上要求，我们 B 公司可以为贵公司实现短期和长期目标添砖加瓦。原因有二：第一，我对贵公司的情况十分了解……第二，我们 B 公司是双向通信领域的领先者，对贵公司的短期和长期目标十分认同。” 3．过渡自然：“在我讲完之后，我将请求各位保证继续支持从我们 B 公司购买一套完整的通信系统的决策。各位是否有什么问题？……那好，我继续。”
联系听众	4．与上下文或听众的话联系：“我在一开始就提到将请求各位做出保证——支持从我们 B 公司购买新系统。我现在正式提出请求，请各位支持。” 5．与听众或其经历联系：“我同张经理在过去的 4 个月中一直保持着紧密的联络，访问了不同的一线通信使用者，对目前的通信系统的优劣有着很深的理解。” 6．根据听众讲明的需要，说明可提供的益处：“首先来看第一个问题：‘我们 B 公司将如何增强贵公司通信系统的可靠性？’……通过计算机模拟和新技术，我们可以增强系统的可靠性。”
论据补充	7．提供事实：“我们奉行‘让顾客完全满意’的公司文化，获得过国家最高质量奖。” 8．说明优点：“为实现短期目标，贵公司拥有训练有素的现场维护人员及优质的维护设备。贵公司与公众一直保持着良好的沟通，在业界也有着很好的声誉，这些都对公司实现长期目标大有裨益。”

续表

4 类行为技巧	15 种行为技巧
论据补充	说明缺点："这样看来，不能在各种情况下实现与现场人员的及时通信，对公司实现及时反应、安全和首选服务提供者这 3 个重要目标极为不利。" 9. 例证及形象化解释："各位来看一下我们是怎样利用计算机模拟技术增强你们西区部分通信的可靠性的。"（现场演示是一种形象化解释） 10. 引用第三方见证："我们最近收到了一家公司运营副总裁的来信，信中赞扬我们 B 公司系统安装的便利。我会留一份复印件供你们参考。"
个人风格	11. 根据内容提问："各位对我们 B 公司将如何为贵公司安装新系统还有什么问题吗？" 12. 强调重要性："这种情况对公司短期目标的影响便是很难及时将设备运到最需要的现场，从而危及了顾客服务的安全性和及时性——公司的两个重要短期目标。结果是公司也实现不了所提出的另一个重要目标——成为顾客首选的服务提供者、行业标杆。" 13. 幽默及小故事："你们的热情让我很快忘记了刚才一路上拥挤的交通带给我的不快！" 14. 有效的身体语言：得体有力的手势、自然的身体移动等。 15. 声音抑扬顿挫：语调有高低起伏、语速有节奏感。

这里有必要对几个行为技巧做进一步的说明。

"联系听众"是吸引听众注意力的十分有效的手段。适时与上下文或听众的话以及听众或其经历联系，尤其是与听众讲明的需要联系，会让听众感到你的讲话具有很强的针对性，因为听众都是抱着某种需求和期望来听你的讲话的。

在讲第三人称的故事时，为了让故事更生动，你就可以采用"联系听众"的技巧。譬如，有一次我讲一对兄弟的故事时，我就说："现在我就是那个弟弟，×××（某位男听众的名字）是我的哥哥。"整个故事中我都变成了用第一人称来讲，听众仿佛身临其境，现场气氛也因此变得更加轻松活跃。

"根据内容提问"可以增强讲话的互动性，体现商务讲话的"双向沟通"性质。当然，提问方式不能单一，要灵活变通。

提问的方式包括以下几种。

- 整体式：对象为听众整体，有助于吸引全体注意力并创造参与气氛。
- 直接式：对象为某个（些）人，可以引导沉默的听众参与从而引出听众中的“专家”经验。
- 开放式：答案不固定，有助于创造讨论气氛，给听众全面思考的机会。
- 封闭式 / 选择式：答案为“是”或“否”，或者有选项，可以避免冷场，给听众某种思路。
- 反问式：针对提问者的疑问可以反问同样的问题，好处是引导提问者思考、缓和提问者的挑战情绪并将问题简化。
- 传递式：将某人的问题转问别的听众，有助于创造共同探讨的气氛。

身体语言尤其要注重以下方面：

- 目光要带着精气神，并照顾到所有听众。
- 站姿不懈怠，情绪始终高昂，态度保持亲切。
- 手不要插兜，也不要交叉在胸前。
- 可一边讲解一边走动，但目光要投向听众。
- 伴随声音的抑扬顿挫，做出自然的手势。

乍一看，“4/15 行为技巧”有很多。要想提高讲话技巧，你必须改善你的行为。改变就要付出努力，但这种努力绝对是值得的。当你熟练运用这些行为技巧后，你会发现，很多行为技巧并不是割裂开来的，而是可以同时进行、一举两得的。譬如，在使用“先后 / 主次顺序”技巧时，你就可以伸出手指，做出“一”“二”“三”的手势，也就是说，你同时在运用“有效的身体语言”。当你“强调重要性”时，你又可以通过“声音抑扬顿挫”体现出来。出色的当众讲话者十分善于在同一时间内采用多种行为技巧以增强讲话效果。

“4/15 行为技巧”的作用如下所示。

- 篇章结构：体现讲话的逻辑性。
- 联系听众：体现讲话的针对性。
- 论据补充：体现讲话的可信性。
- 个人风格：体现讲话的生动性。

一个具有逻辑性、针对性、可信性和生动性的当众讲话能不打动听众吗？

90/20/8 原则

倘若你的讲话需要较长时间，要注意这样一个有助于集中听众注意力的心理学原则：90/20/8。

- 90：连续讲话的时间一次不要超过 90 分钟。
- 20：讲话中至少每 20 分钟做一次总结回顾，确认一下听众对所讲内容的理解和接受程度。
- 8：最多每七八分钟就要变化一下行为技巧，以避免讲话方式的单调。

安德鲁・卡耐基（Andrew Carnegie）曾说："脑子所能吸收的，超不过屁股所能忍受的。"一旦听众的注意力不再集中，再好的讲话内容也都失去了意义。出色的讲话既要符合行为学的要求，也要符合心理学的规律。

完整的商务讲话不仅要有讲解的部分，还需要有"Q&A"（即答疑，包括处理听众异议）的部分。

答疑技巧

- 适时询问听众是否对所讲内容有问题，可提醒听众提问尽量简短。
- 认真倾听提问。
- 检验对问题的理解。

- ➢ 用复述、转换情绪、澄清概念等方式检验理解。
  - ◆ 检验理解的目的除保证你能精准回答问题以外，更关键的是保证其他听众听清并理解了问题，尤其是在问题的答案可以强化你的讲话内容的时候！
  - ◆ 复述是指你用更为简明的话语向提问者解释问题的意思。
  - ◆ 转换情绪是指当听众带着挑战、怀疑、不满甚至不友好的语气提问时，你用平和的态度解释你对问题的理解。
  - ◆ 澄清概念是指问题中如果包含你或其他听众不够明确的概念，你需要向提问者进一步确认。
- ➢ 给提问者以肯定或鼓励。

- 回答时简明扼要。
  - ➢ 可用“先后 / 主次顺序”行为技巧。
  - ➢ 回答尽量控制在 1～2 分钟。多数问题都可以在 1～2 分钟内回答完毕。倘若你的回答超过了 2 分钟，有可能：
    - ◆ 你的回答不够简练。
    - ◆ 你的回答包含过多信息，超出了提问者所需。
  - ➢ 若有的问题的答案是你已讲过的内容，不要责怪听众开小差，可换角度或举例回答。
  - ➢ 对无法回答的问题：
    - ◆ 可直言无法回答。
    - ◆ 若只是当时无法回答，可告知回答时间并表示一定与提问者联系。不知并不可怕，关键在于你对听众在态度上是否认真负责，这将影响听众对你的态度。
  - ➢ 若某听众一直不停地提问并不让别人插言，应分析问题是否与内容有关。若有关，而且很专业，应给提问者以肯定或鼓励，适时采用传递式提问方法；若无关，问大家是否有同样问题（整体式提问），如有则必须回答并将听众引回正确思路，如无则声明可单独探讨。

- 最后询问提问者对你的回答是否满意。
  - ➢ 若得到肯定，回答其他人的问题。
  - ➢ 若不满意，不要继续纠缠，礼貌地声明现在你只能如此答复。

答疑的通用逻辑

- 邀请听众提问。
- 检验对问题的理解。
- 尽量用“先后 / 主次顺序”行为技巧回答，最好不要超过 3 点，时间控制在 1～2 分钟。
- 确认提问者是否满意你的回答，再回答其他听众的提问。

处理异议技巧

处理异议的最有效方法是防止异议发生。要防止异议发生，你必须对听众的需求和期望有深刻的了解，并在讲话中始终保持谦虚的态度。即使如此，异议也很难完全避免。异议有两种可能。

- 异议只是出于误解或怀疑，并不是出于你无法满足的要求，你应：
  - ➢ 对异议表示理解，千万不要显得漫不经心或给人留下嘲笑异议者的印象。
  - ➢ 用客观平和的心态说明你的做法或态度。
  - ➢ 如果异议者仍有疑虑，提供充分的证据，如第三方见证、研究报告、现场演示等。
- 异议是出于你无法满足的要求（如价格），你应：

- 对异议表示理解。
- 强调针对听众需求和期望你能够提供的益处，淡化异议所表达的要求。
- 尽可能显示出幽默。

当众讲话的能力需要不断磨炼。每次讲话后，征求听众的反馈意见和建议（见附录 7-3）。每次讲话时最好能让别人帮你录下视频，当然视频越长越好，事后自己观看，定能有所发现（如声音、口头禅、表情、手势、语气语调语速、与听众的互动等，这些都是你以后可能需要完善之处）。实践证明，观看自己的讲话录像，是提高当众讲话能力的高效手段。

祝你在当众的商务讲话中尽显你的职业风采！

思考

- 你在工作中会做哪种类型的商务讲话？采用哪种讲话结构比较合适？
- 如何将“4/15 行为技巧”应用于你的商务讲话？

收获及行动计划

主要收获	工作和生活中 如何应用	怎样检验应用 （知行合一）的效果
1.		
2.		
3.		
4.		
5.		
……		

附录 7-1　销售展示演示文稿参考答案

A公司通信系统改善方案 方案提出方：B 公司 （日期） 1	**议程** 1．贵公司面临的挑战。 2．我公司的优势。 3．我公司将采取的主要行动。 4．答疑。 2
我的发现——贵公司面临的挑战 1．短期目标——能及时应对顾客需求，并在安全的环境中为顾客提供服务。 2．长期目标——成为顾客首选的服务提供者、行业标杆。 3．维护人员到现场后确实遇到通信问题。 4．担心安装新的通信系统会中断业务运作。 3	**问题不解决的后果** 1．很难及时将设备运到最需要的现场，从而危及安全性和及时性。 2．中断业务会带来更多的拖延并有损贵公司在公众中的形象。 4
我公司的优势 • 深入了解 ➢ 贵公司的长期和短期目标 ➢ 当前通信系统优劣 • 具备 ➢ 双向通信领域的领先地位 ➢ 国家最高质量水准 5	**我公司的解决方案** • 增强系统可靠性 • 系统安装 ➢ 不中断现有系统，分阶段安装 ➢ 同步培训 • 量身定做付款方式 6
解决方案 1：如何增强通信系统可靠性？ • 改进现有系统的基础设施 ➢ 计算机模拟 ➢ 迁移基站，增高信号塔，增加基站 • 采用独特的中继技术	**解决方案 2：怎样避免现有系统中断？** • 1～3 年分阶段安装 • 每阶段就已安装部分的使用对操作人员进行培训 • 人员培训是改进的关键

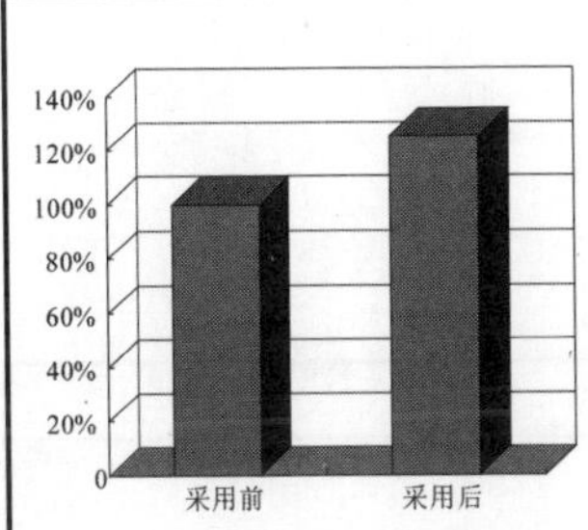

×××公司案例：可靠性提高 25%！

7

8

解决方案 3：灵活的 3 年付款方式

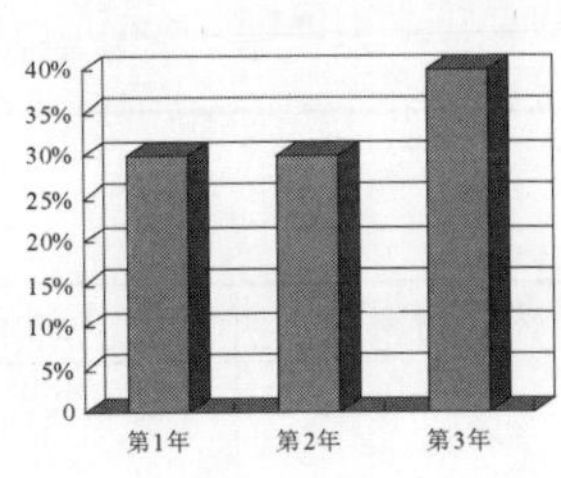

9

结　论

1．我公司的这套系统，既能增强可靠性，又不干扰贵公司现有业务。
2．分阶段安装的同时，为有关人员提供培训。
3．付款方式十分灵活。
4．非常符合贵公司的短期和长期利益！

10

答疑阶段

11

附录 7-2　商务讲话准备大纲

1．思想准备

A．讲话的目的	
B．听众	• 背景情况 • 关键人物 • 听众的需要、期望 • 听众对内容的了解程度 • 听众的态度 • 支持者
C．自我定位	

2．结构与内容的准备

讲话部分	4/15 行为技巧	内容材料	时间
开头			
主体 第一部分 第二部分 第三部分 ……			
结尾			
提问			

3．环境准备

空间大小	
座位排列	
光线	
环境干扰	
辅助设施与材料	
应急要求	
设施使用方法	

4．仪表与着装的准备

5．辅助设施与材料的准备

6．彩排

附录 7-3 讲话观察反馈表、答疑技巧反馈表与处理异议技巧反馈表

讲话观察反馈表

讲话者：____________ 观察者：____________

讲话结构

1．开头部分能否引起你的兴趣？为什么？	是 5	4	3	2	1 否
2．逻辑衔接是否自然明晰？	是 5	4	3	2	1 否
3．观点、论据是否清楚明了？	是 5	4	3	2	1 否
4．结尾部分是否有总结或号召行动？	是 5	4	3	2	1 否

内容组织

1．是否每一部分都论据充足，令你满意？不满意之处是什么？	是 5	4	3	2	1 否
2．内容安排是否轻重协调、适当？有何不当之处？	是 5	4	3	2	1 否
3．是否容易跟上讲话者思路？有什么问题？	是 5	4	3	2	1 否

视听辅助

1．是否用视听辅助手段阐述观点或强调要点？你认为需要增加辅助材料吗？	是 5	4	3	2	1 否
2．辅助手段是否清晰易懂？你认为可做何改进？	是 5	4	3	2	1 否

表达

1．表达是否清楚易懂？有什么问题？	是 5	4	3	2	1 否
2．目光是否投向听众？	是 5	4	3	2	1 否
3．声音是否抑扬顿挫？	是 5	4	3	2	1 否
4．能否用声音强调重点？	是 5	4	3	2	1 否
5．手势是否自然有力？	是 5	4	3	2	1 否

总体评价

1．讲话是否始终吸引听众？	是 5	4	3	2	1 否
2．讲话是否有说服力？	是 5	4	3	2	1 否
3．讲话能否满足听众的某种需求？	是 5	4	3	2	1 否

答疑技巧反馈表

讲话者：________________　　　　观察者：________________

问题 1

问题内容：____

1．回答前是否检验了理解？	是 5	4	3	2	1 否
2．回答是否简明扼要？	是 5	4	3	2	1 否
3．若不知答案，是否态度诚恳、令人信任？	是 5	4	3	2	1 否
4．是否在结束回答时问提问者满意与否？	是 5	4	3	2	1 否

问题 2

问题内容：____

1．回答前是否检验了理解？	是 5	4	3	2	1 否
2．回答是否简明扼要？	是 5	4	3	2	1 否
3．若不知答案，是否态度诚恳、令人信任？	是 5	4	3	2	1 否
4．是否在结束回答时问提问者满意与否？	是 5	4	3	2	1 否

问题 3

问题内容：____

1．回答前是否检验了理解？	是 5	4	3	2	1 否
2．回答是否简明扼要？	是 5	4	3	2	1 否
3．若不知答案，是否态度诚恳、令人信任？	是 5	4	3	2	1 否
4．是否在结束回答时问提问者满意与否？	是 5	4	3	2	1 否

处理异议技巧反馈表

讲话者：________________　　　　　　　　　观察者：________________

异议 1

异议内容：____

1．是否对提出异议者表示理解？	是 5	4	3	2	1 否
2．如异议有解决方案，回答得如何？	是 5	4	3	2	1 否
3．如异议无解决方案，是否淡化异议、强调可提供的益处？	是 5	4	3	2	1 否

异议 2

异议内容：____

1．是否对提出异议者表示理解？	是 5	4	3	2	1 否
2．如异议有解决方案，回答得如何？	是 5	4	3	2	1 否
3．如异议无解决方案，是否淡化异议、强调可提供的益处？	是 5	4	3	2	1 否

异议 3

异议内容：____

1．是否对提出异议者表示理解？	是 5	4	3	2	1 否
2．如异议有解决方案，回答得如何？	是 5	4	3	2	1 否
3．如异议无解决方案，是否淡化异议、强调可提供的益处？	是 5	4	3	2	1 否

功夫八

会议主持与参与

开会是工作中离不开的团队沟通手段，会议形式一般包括：

- 面对面会议；
- 电话会议；
- 视频会议；
- 网络会议。

开会效率和效果会直接影响工作推进和完成的质量。会议中诸如总结、汇报等信息性议题的时间一般可以通过设定时限来控制。最为影响会议效率的，通常是为达成某个决定而添加的讨论环节，而这一环节中主持人和与会者的行为、技巧十分关键。

本门功夫的要领

- 高效会议流程及注意事项
- 会议讨论中的互动行为
- 六顶思考帽
- “六顶思考帽”在会议中的应用
- 互动行为与思考帽的对应关系
- 主持人应善于运用的思考帽和互动行为
- 与会者应善于运用的思考帽和互动行为

高效会议流程及注意事项

会议流程

- 确定会议主持人；
- 确定会议目标及议程；

- 确定会议时间；
- 选择适合会议主题的会议地点；
- 确定与会者；
- 准备适当的视听辅助设施；
- 确定达成会议决定的方法；
- 发布会议通知及会前准备事项；
- 做好会议记录；
- 会后向与会者发布会议纪要 / 备忘录，落实责任。

为确保会议高效应注意的事项

- 每次会议都应有明确的目标和主题。
- 会前应确定好议程，并将议程发布给每个与会者，以便与会者在会前做好充分准备。
- 议程上的每项议题之间应具有逻辑关系。由于会议时间有限，对每项议题通常应设定时限，以保证所有重要问题都不被遗漏。
- 鼓励与会者积极发言。会议讨论一旦偏离主题，应及时拉回主题。
- 注意总结并做好会议记录。会后应将会议决定、行动计划及任务安排以书面形式发送给与会者，以保证会议目标的达成及任务的落实。
- 一定避免“上司效应”。所谓“上司效应”，就是领导、管理者把会议当成对员工训话的工具，使员工对上司产生惧怕、反感、不敢畅所欲言等消极的反应。有人形象地将“上司效应”描述为：每次上司在会议中发言，都仿佛是在主持一场葬礼。他讲话时，与会者都只能低头默哀，不敢作声！

会议讨论中的互动行为

行为学研究表明，两人或两人以上的交流就会产生互动行为。会议讨论当然也不例外。互动行为包括如图 8-1 所示的 4 类。

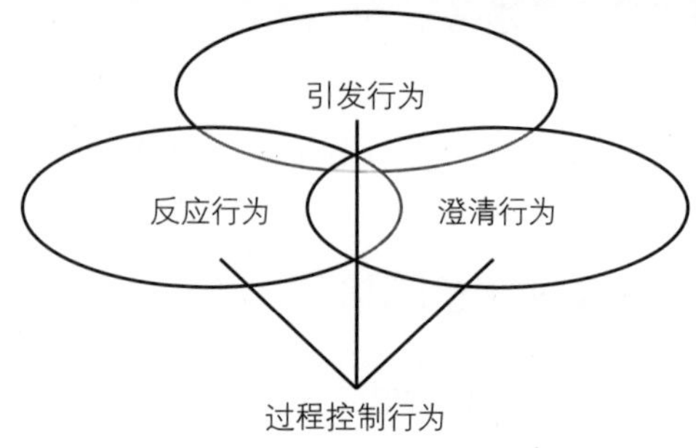

图 8-1　4 类互动行为

引发行为

- 提议：提出新建议、方案或行动计划。
  - 程序性提议：有关议题的提议。例如：
    - “我们先来讨论一下安检措施吧。”
    - “我们回到议题上来吧。”
  - 内容性提议：在同一议题下有关该议题讨论内容的提议。例如：
    - “我建议我们在湖南建一个维修中心。”
    - “我们应首先做一个员工满意度调查。”
- 引申：将别人的建议加以引申、丰富。例如：
    - “你的计划中如果再多一轮汇报可能更好。”

◆ “你建议我们应尽快筹款购买。我就来谈谈我们可以怎样筹款吧。”

反应行为

- 支持：清楚明确地表示对别人或其意见、观点的支持。例如：
  - “很好！”
  - “我同意！”
  - “我觉得这想法不错。”
- 反对：直截了当地反对别人的意见、观点（针对事）。例如：
  - “对此我不能同意。”
  - “你讲的第三点不属实。”
  - “你的建议太不实际了。”
- 表示倾听：用声音或身体语言表示你在积极倾听。可以微笑、点头，或者用以下类似语言来表达：
  - “是嘛！”
  - “真的？”
  - “真不错！”
- 防守／反击：攻击别人或抵制别人对自己的批评（往往针对人，并情绪化）。例如：
  - “真是太可笑了！”
  - “这主意蠢了点儿吧！”
  - “这怪不得我。这是他的责任。”
- 分享情感：表达心中不同于以上 3 种的感受。例如：
  - “一提起这个，我就感到难受。”
  - “你说你没耐性，我可从来没发现。”

澄清行为

- 了解情况：征询事实、信息或解释。例如：
  - “何时开始？”
  - “谁能告诉我还有哪家公司也在竞标？”
  - “关于这些客户的情况，你了解吗？”
- 征求建议：征求建议或行动方案。例如：
  - “你们认为我们应怎样处理此事？”
  - “一旦这种情况发生，我们应如何应对？”
  - “我们是否该决定项目负责人了？”
- 提供情况：提供事实、信息或解释。例如：
  - “我们的 A 级客户数为 16 个。”
  - “今天的议程包括……”
  - “我记得去年有类似事件发生。”
- 检验理解：确认对已谈过的问题、发表的见解的理解。例如：
  - “我能否说对此我们已达成一致？”
  - “大家是不是对我们的计划都听清楚了？有问题吗？”
  - “你是在谈促销的问题吗？”
- 总结回顾：简要回顾已谈过的内容或做过的事。例如：“我们已就以下步骤达成一致：①找律师；②5 月前确定律师人选并进入法律程序；③在新闻媒体上发布消息，表明我们的立场。”

过程控制行为

过程控制行为是指通过以上 3 类行为中的某一种对交流过程加以控制的方式。

- 邀人加入：请与会者当中未积极参与的人发表观点、意见。例如：

- “刘力，你对此有何见解？”（用“了解情况”的行为邀人加入）
- “老李一直没发表意见，您能不能说说想法？”（用“了解情况”的行为邀人加入）

• 阻挡参与：不让别人说话或减少其说话的机会。（中途打断别人说话是最普遍的表现形式）例如：

- 王路：“夏飞，你怎么想？”

  洪途：“我认为……”（洪途用“分享情感”的行为阻挡夏飞参与）

- 张丰：“我觉得客户服务部应加强培训，并……”

  石新：“培训什么？”（石新用“了解情况”的行为打断张丰）

下面，让我们通过会议实例说明互动行为的现实表现。

互动行为辨别练习

（节选自某会议）

人物

郭东　工会主任——会议主持人

单明　生产经理

方彤　人事经理

安辉　一线主管

林杰　技术工人

序号	人物（以姓氏简称）	发言	互动行为（参考答案）
1	郭	上次会议期间我们未就工人加班问题达成共识。管理层提出两个	总结回顾（蓝帽子）

		选择方案：或者从明年起逐渐取消某些加班，或者将加班同总体生产效率挂钩。	
2	方	各位是不是对这两个方案的细节都很清楚了？上次会议中大家好像都没太明白。我认为明确了解我们的方案是十分重要的。	检验理解（蓝帽子） 分享情感（红帽子）
3	林	如果你问我，我是再清楚不过了。怎么样都是我们倒霉！管理层还敢管这叫选择方案？我看根本就没有可选。	防守／反击（红帽子）
4	单	你胡说什么呀！如果你仔细读读具体条款，你会发现有百分之十的……	防守／反击（红帽子）
5	林	（打断）谁说我没读？我不仅一字没漏地读了，就连你们想说没说的我都看出来了。	阻挡参与+ 防守／反击（红帽子）
6	安	（打断）我们何不先讨论加班的问题，而把合同的事情作为另一议题放在下次会议中讨论呢？	阻挡参与+ 程序性提议（蓝帽子）
7	单	这不可行。	反对（红帽子）
8	安	单经理，为什么不可行呢？	了解情况（白帽子）
9	单	怎么能把加班的问题同与工人签的劳动合同分开呢？	反对（红帽子）

10	林	我不同意你这种说法。	反对（红帽子）
11	安	我能再确认一下我们今天会议的目的是什么吗？你们通知我们今天开会要讨论加班的问题，对不对？而现在却又要谈合同，是吗？	检验理解（蓝帽子）
12	郭	我读一下方经理会前发的通知：“这次会议要讨论的是人事问题，尤其是加班的问题。”	提供情况（白帽子）
13	林	我不同意。	反对（红帽子）
14	郭	小林，你有什么意见？	了解情况（白帽子）
15	林	郭主任，别叫我小林。我受不了这种假亲热。我宁可让变相扣我们钱的人直呼我的名字。	防守／反击（红帽子）
16	单	你这种态度能起什么作用啊？	防守／反击（红帽子）
17	郭	我有一个提议。我们还是首先明确我们这次会议要取得什么成果吧。	程序性提议（蓝帽子）
18	单	我完全同意。我认为我们应该先解决加班的问题以及怎样将这一问题与合同衔接。我想问一问安辉和林杰为什么他们认为加班要与合同分开来谈。就这一点，我完全不能同意他们的观点。正像我说过的，公司的经营需全面考虑，而不能一	支持、分享情感（红帽子） 反对（红帽子） 提供情况（白帽子）

		次只解决一个问题。	
19	郭	单经理，你提出两点，对吗？一，我们应讨论加班与新的人事方案的关系；二，你希望安辉和林杰阐明他们认为加班可作为单独问题来考虑的原因。	检验理解（蓝帽子）
20	单	不是。嗯，不完全是。	反对（红帽子）
21	郭	那么你的意见是？	了解情况（白帽子）
22	单	反正加班不可能单独讨论。	分享情感（红帽子）
23	安	单经理，你能解释一下吗？	了解情况（白帽子）
24	郭	（打断）我建议我们不要在确认会议目标之前讨论过多的细节。	阻挡参与+ 程序性提议（蓝帽子）
25	方	我是否可以将单经理的提议引申一步？他建议我们解决加班与合同衔接的问题。要解决这一问题，我认为我应该先向大家介绍一下加班的现状及发展趋势。	引申（绿帽子） 程序性提议（蓝帽子）
26	林	这当然好了。这正是每个人都想知道的。	支持（红帽子+黄帽子）
27	单	方经理，这提议很好！	支持（红帽子）
28	安	你是否可以将情况做成演示文稿发给所有工人？林杰知道很多工人非常关心加班的事情。	征求建议（绿帽子） 提供情况（白帽子）

29	林	是呀，工人中议论很多。	提供情况（白帽子）
30	方	你们的建议很好。我会在周四前准备好的。关于加班时间，从去年的这个时候到现在已从平均每人每周 4 个半小时减少到 2 个半小时。	支持（红帽子） 提供情况（白帽子）
31	安	今后会怎样？	了解情况（白帽子）
32	方	除非订货激增，否则加班时间还会减少。	提供情况（白帽子）
33	安	是不是这就意味着很多人要失业？	检验理解（蓝帽子）
34	单	不，当然不是。我们从没做过这样的打算。	反对（红帽子）
35	安	我可否这样总结一下？在过去的一年中加班时间减少了近一半，今后还会进一步减少。	检验理解（蓝帽子）
36	方	还可以从另一个角度看这个问题。去年 10 月，月平均工资为 1600 元。今年 10 月，月平均工资为 1920 元。增长幅度为 20%。	提供情况（白帽子）
37	林	这些数字是骗人的。这连你们自己都知道。	防守 / 反击（红帽子）
38	方	对不起，你认为什么地方是骗人的呢？	了解情况（白帽子）

39	单	方经理给出的数字是绝对准确的。	支持（红帽子）
40	林	不是。我可以证明。	反对（红帽子）
41	郭	林杰，你的证明是什么？	了解情况（白帽子）
42	林	平均数字总是掩盖真相。平均20%的增长毫无意义。就拿我来说，我的工资根本就没涨那么多。	防守/反击（红帽子）
43	单	你简直就是在浪费我们的时间。	防守/反击（红帽子）
44	安	但林杰说的是对的。	支持（黄帽子）
45	方	安辉，可以解释一下吗？	了解情况（白帽子）
46	安	方经理，你是否将二厂的工程师和兼职人员的工资也算在增长范围内了？	了解情况（白帽子）
47	方	是的。	提供情况（白帽子）
48	单	我建议我们别再问下去了，还是回到加班的问题吧。	程序性提议（蓝帽子）
49	林	别想溜。是你挑起的数字问题。	防守/反击（红帽子）
50	单	我绝对没有逃脱的意思。我只是烦透了……	防守/反击（红帽子）
51	郭	（打断）喂，各位，稍等！安辉，如果我没猜错的话，你对这些	阻挡参与+检验理解（蓝帽子）

		数字的怀疑是有你的证据的，对吗？	
52	安	是的。我的意思是说，去年10月，二厂还没成立。二厂的工程师和临时工都是后来招的。他们的工资自他们一进来就很高。你们是知道这一点的，对吧？	提供情况（白帽子） 了解情况（白帽子）
53	方	是的。	提供情况（白帽子）
54	安	二厂的临时工每个月可以拿到2800多元……	提供情况（白帽子）
55	单	（打断）不对。	反对（红帽子）
56	林	有的甚至拿到3000多元。方经理，这没错吧？	提供情况（白帽子） 了解情况（白帽子）
57	方	林杰，你说的是对的。二厂的工程师中确实有拿到这样的工资的。	支持（红帽子） 提供情况（白帽子）
58	单	但临时工没有拿到超过2600元的。	提供情况（白帽子）
59	安	单经理，即使如此，你不认为2600元还是比1600元高得多吗？	了解情况（白帽子）
60	单	这倒没错。	支持（红帽子）
61	安	这样一来，在今年的工资单上就有高工资的人，平均工资无疑会	总结回顾（蓝帽子） 内容性提议（绿帽子）

		上去了。我提议我们不要去考虑那20%的增长，而要对比一下过去一年一直在这里工作的人的收入。	
62	方	安辉，我非常乐意去这么做。也非常感谢你们给予这样的支持与提醒。否则演示文稿发给工人后影响会很不利的……（会议仍在继续）	支持（红帽子+黄帽子）

也许你会奇怪，为什么我在互动行为的参考答案旁边还加上了不同颜色的“帽子”（有关此会议的效果分析，见“‘六顶思考帽’在会议中的应用”）。这就是我接下来要介绍的一个对改善会议效率和质量极为有益的思维工具——六顶思考帽。

六顶思考帽

“六顶思考帽”由爱德华·德博诺（Edward de Bono）提出，代表每个人都拥有的6种基本思维功能。

六顶思考帽

- 白帽子：中性的事实与数据之帽，具有处理信息的功能。
- 黄帽子：乐观帽，具有识别事物的积极因素的功能。
- 黑帽子：谨慎帽，具有发现事物的消极因素的功能。
- 红帽子：情感帽，具有形成观点和感觉的功能。
- 绿帽子：创造力之帽，具有创造解决问题的方法和思路的功能。
- 蓝帽子：指挥帽，具有指挥其他帽子并管理整个思维进程的功能。

“六顶思考帽”思维方式使我们将思考的不同方面分开，这样，我们可以依次对问题的不同侧面给予足够的重视和充分的考虑。就像彩色打印机，先将各种颜色分解成基本色，然后将每种基本色打印在纸张同一点上，就会得到彩色的打印结果。同理，我们对思维模式进行分解，然后按照每一种思维模式对同一事物进行思考，最终得到全方位的“彩色”思考。

“六顶思考帽”是一种“平行”思维方式。人们通常使用的是以下两种思维方式：

- “对抗型”思维方式。我们在电视上曾看到的就某一论题分正反两方辩论的辩论赛，就是这类思维方式的典型例子。
- “垂直型”思维方式。这种思维方式使人们在形成观点后只认为自己的观点是正确的，因而寻找各种证据来证明自己的观点。

尽管“对抗型”与“垂直型”思维方式能将某种观点深入到极致，却往往陷入“只见树木，不见森林”的片面性泥潭。而“平行”思维方式却能让我们在分析问题时做到更加全面客观。6 顶帽子戴起来的一般顺序如下：

- 首先戴“蓝帽子”，决定分析问题的程序。
- 接下来戴的通常是“白帽子”，先把与主题相关的事实和信息罗列出来。
- 接下来戴“黄帽子”，有关主题的“利”的部分。
- 接下来戴“黑帽子”，有关主题的“弊”的部分。
- 接下来戴“红帽子”，考虑主题可能给自己和他人带来什么情感反应。
- 最后戴“绿帽子”，针对主题提出新的见解。

除“蓝帽子”必须先戴以外，其他颜色的帽子的穿戴顺序可以灵活，但须保证的是在某一时间段内只戴一顶帽子，即集中思考主题的一个侧面后再考虑另一个侧面，从而对主题做出全面深入的分析。

“六顶思考帽”在会议中的应用

尽管我们每个人都具备“六顶思考帽”所代表的思维功能，我们在生活和工作中却经常能发现倾向于戴某种帽子的人。就以前面“互动行为辨别练习”为例，生产经理单明和技术工人林杰二人就倾向于戴“红帽子”，十分情绪化。倘若会议局面始终被他们二人控制的话，效果可想而知。正是由于与会者常常在会议中的同一时刻戴着不同颜色的帽子，所以人们思想混乱、相互争吵。结果呢？会议效率低下，更可悲的是会造成决策失误！“互动行为辨别练习”中序号 25 以前的多数行为都是无效行为，这就是各种帽子同时满天飞的结果。

倘若将“六顶思考帽”这一思维逻辑引入会议讨论当中，效果会是怎样呢？微软、IBM、华为、西门子、麦当劳等著名企业已将其引入，作为提升组织合力和创造力的通用工具。

例如，英国的施乐公司反映，通过使用“六顶思考帽”的技巧和工具，仅用不到一天的时间就完成了过去需一周才能完成的工作。

芬兰的 ABB 公司曾就国际项目的讨论花了 30 天的时间；而今天，通过使用“六顶思考帽”仅用了两天。

摩根大通通过使用这一工具，将会议时间减少 80%，并改变了自身在欧洲的争执性企业文化。

“六顶思考帽”在会议讨论中的运用体现为：主持人和与会者首先必须戴好“蓝帽子”，将讨论程序决定好，即确定接下来帽子的顺序，达成共识后就要遵循这一顺序，一个时段内只戴一种颜色的帽子进行讨论。

注意到了吗？“互动行为辨别练习”中序号 25 及以后，尽管单明和林杰偶尔还会戴“红帽子”，但由于人事经理方彤和一线主管安辉比较有“蓝帽子”和“白帽子”的意识，所以后面的多数时间中与会者能够运用“白帽子”探讨与会议主题相关的内容。

这个例子能够说明的是，会议讨论中，与会者倘若能在某一时段内都只戴一种颜色的帽子，会议效率将大大提高。譬如，倘若序号 25 以前会议主持人郭东有意识地提醒大家开始都只戴“蓝帽子”，不能戴其他颜色的帽子，待议程定下来后大家再一起戴上“白帽子”，那么这段会议讨论至少会节省 1/3 的时间。

我已讲过，开头一定要戴“蓝帽子”，这一点是雷打不动的。议程确定后，讨论时戴哪顶帽子的顺序可以灵活，这就需要看会议主持人的功力和与会者的配合程度了。但“蓝—白—黄—黑—红—绿”的一般顺序仍是会议讨论应遵循的常规逻辑。

如果大家想深入了解有关“六顶思考帽”的应用，推荐大家阅读爱德华·德博诺的相关书籍。

互动行为与思考帽的对应关系

互动行为与思考帽的对应关系，如表 8-1 所示。

表 8-1　互动行为与思考帽的对应关系

互动行为	思考帽
程序性提议	蓝帽子
内容性提议	绿帽子
引申	绿帽子
支持	红帽子，可引出黄帽子
反对	红帽子，可引出黑帽子
防守 / 反击	红帽子，可引出黑帽子
分享情感	红帽子，可引出各种帽子
了解情况	白帽子
征求建议	绿帽子

续表

互动行为	思考帽
提供情况	白帽子，黄帽子，黑帽子
检验理解	蓝帽子
总结回顾	蓝帽子

主持人应善于运用的思考帽和互动行为

主持人在讨论中的主要责任是保证讨论能够集思广益，同时能使讨论过程高效有序，所以应尽量保持中立。要做到这一点，主持人应善于：

- 戴“蓝帽子”。
  - ➢ 程序性提议。
  - ➢ 支持或反对与会者的程序性提议，而不是内容性提议，否则就会有损主持人的中立地位。
  - ➢ 检验理解。
  - ➢ 总结回顾。
  - ➢ 邀人加入。
  - ➢ 阻挡参与。
- 戴“白帽子”。
  - ➢ 了解情况。
  - ➢ 提供情况。
- 戴“绿帽子”。
  - ➢ 征求建议。

行为学研究表明，会议中“检验理解”和“总结回顾”这两种互动行为同与会者的会后任务的落实程度有十分密切的关系。会议中主持人和与会者的这两种行为出现得越多，与会者对会议决定的误解程度越低，会后的任务执行程度就越好。因此，主持人一定要引导与会者做好对重要议题和决定的“检验理解”和“总结回顾”工作。

与会者应善于运用的思考帽和互动行为

与会者作为会议讨论的主要献策者，应善于：

- 戴“绿帽子”。
  - 内容性提议。
  - 引申。
- 戴“黄帽子”。
  - 支持。
  - 提供情况。
- 戴“白帽子”与“黑帽子”。
  - 提供情况。
- 戴“蓝帽子”。
  - 检验理解。
  - 邀人加入。

与会者在讨论中应尽量避免“防守 / 反击”和“阻挡参与”这样的容易引起消极反应的互动行为。

最后补充一点，不论你是主持人还是与会者，在别人发言时认真倾听，并在发言者与你有目光接触时给予其眼神、表情、点头等回应，这样会令整个会议氛围更加融洽，会议进展也更加顺畅。

思考

- 参与会议对你个人来说有哪些价值？
- 今后你会怎样把会议主持得更好？
- 作为与会者，你将怎样更好地发挥你的作用？

收获及行动计划

主要收获	工作和生活中 如何应用	怎样检验应用 （知行合一）的效果
1.		
2.		
3.		
4.		
5.		
……		

功夫九

服务意识与技能

在这个“人人为我，我为人人”的世界，我们每个人所从事的工作，本质上来说都是服务，尽管服务的对象不尽相同。从这个意义上来说，服务的意识和技能同样应是每个职场人士必备的功夫。

本门功夫的要领

- 服务的含义
- 服务对员工个人的价值
- 衡量服务好坏的“终极问题”
- 服务步骤
- 服务技巧及其应用

服务的含义

谁是你的服务对象：外部顾客还是内部顾客

对组织来说，服务的首要对象是外部顾客。外部顾客是那些消费或使用你的组织提供的产品或服务的大众。他们是组织生存的理由，也是组织长期发展的基础，是组织的衣食父母。

对组织中的每个成员来说，服务的对象可以是外部顾客，也可以是内部顾客，这要看其工作或岗位性质。譬如，我担任独立顾问、培训讲师或企业教练时，服务的所有客户和学员都可以说是外部顾客。而我在企业里从事管理工作时，服务的对象既包括公司的外部顾客，又包括内部顾客，即我的下属和公司内的其他部门。即使你只是研发、生产、财务或人力资源部门的一名普通员工，通常不像市场、销售或客服部门的员工那样经常面对外部顾客，你也会通过对这些内部顾客的服务和与他们的协作，影响他们对外部顾客的服务质量。

本门功夫中所提到的“顾客”，既可以指外部顾客，也可以指内部顾客。所介绍的服务步骤和服务技巧也是通用的。

问题——公司门厅的接待员所服务的对象是谁？

其实这个岗位的服务对象十分广泛，内部顾客（即公司员工）当然是低头不见抬头见、经常要服务的对象。作为熟人，内部顾客被接待员笑脸相迎、笑脸相送实为情理之中。可接待员是否对来访的外部顾客、供应商、员工家属、快递员等不属于本公司的人员都能同样热情对待呢？

我每次拜访一家公司，都十分注重该公司接待员的工作状态和服务质量，包括上门之前我打去电话时感受到的接待员的接听水准，因为我坚信接待员是一家公司的形象的重要窗口，很能反映这家公司的管理水平。我现在好像越来越明白为什么那么多企业需要管理培训了。接待员的工作状态给我留下很好印象的公司实在不多！

到底什么是服务

每当我们提到服务，通常是指下列的某一项或几项内容。

- 服务设施，如服务场所的整洁度与舒适度、硬件配备的先进性与简便性、电商界面的友好性等。
- 服务项目，如服务的种类、“三包”服务等。
- 服务规范和流程，如服务应符合的标准、投诉处理等流程的规定、交货效率和质量等。
- 员工的服务意识、态度和技能。

服务设施、服务项目以及服务规范和流程属于服务的硬件部分；员工的服务意识、态度和技能属于服务的软件部分。

例如，对麦当劳，醒目的招牌和整洁的餐厅是它的服务设施；巨无霸、薯条和各种套餐是它的服务项目；QSCV（质量、服务、整洁、价值）是它的服务规范；快速点餐、立等可取体现它的流程效率；当你步入餐厅时，员工向你致以“欢迎光临”的问候，体现的是麦当劳员工的服务意识、态度和技能。

当人们准备接受服务时，员工的服务意识、态度和技能的重要性就突显出来，即使在当今这个网络化的时代。

服务对员工个人的价值

任何人的工作在本质上都是服务。

服务的好坏体现出一个人的素质和创造财富的潜力。只有让更多的人感觉良好，才有机会创造更高价值，正所谓“和气生财”。

全国劳动模范李素丽，虽说当时是普通的公共汽车售票员，但她的服务为她赢得了荣誉和许多代言的机会（尽管她并不在乎代言费）。

一个默默无闻的汽车修理工，每次为顾客修好车后都会把车擦得干干净净。同伴们嘲笑他傻，说顾客也没付他擦车钱。而他的这一举动，感动了一位身为老板的顾客。后来，这位修车工在那位老板的公司成长为客户服务经理，收入也有了成倍的增长。

我在为组织提供咨询、培训、教练的过程中，一直把自己定位成服务提供者，组织和学员是我的顾客。我的用心和努力，为我赢得了顾客的认可和口碑。当然，随着顾客数量的增多，我的收入水平也相应地在不断提高。

服务工作涉及与人互动的机会，在此过程中个人最能体会做人的道理及培养情商。而与智商相比，情商在多数情况下更能决定事业的成败。

衡量服务好坏的“终极问题”

哈佛商学院教授弗雷德·赖克哈尔德（Fred Reichheld）经过对企业的多年实地考察和研究，在其《终极问题——创造好利润，促进真成长》一书中提出：组织其实仅仅通过一个“终极问题”就可以了解顾客的满意度。

“你愿意将我们推荐给你的朋友或同事吗？”

这个问题可以反映组织以下诸多方面的经营效果：

- 产值 / 利润有多少是健康、可持续的？倘若产值 / 利润是以牺牲客户利益获得的，那么就是不健康、不可持续的。一些垄断性行业中的公司通过与顾客签订的合同中的霸王性条款而获得利润，就是例子。
- 产值 / 利润有多少来自忠实顾客及忠实顾客的推荐？
- 顾客选择你的原因？
- 顾客对你不满的原因？
- 你应做出哪些改善和创新？
- 你将如何持续发展？

简言之，这一问题将决定你的企业的未来，所以被称为“终极问题”！其实，这一问题同样适用于衡量员工个人的服务水平。

“终极问题”的衡量指标——顾客净拥护值（Net Promoter Score，NPS）

让你的顾客对“终极问题”用 10 分制打分。

- 9～10 分：拥护者——拥护并愿意推介你的忠实顾客。
- 7～8 分：接受者——被动合作、仅仅接受你的顾客。
- 6 分及以下：诋毁者——贬低你的顾客。

NPS＝ 拥护者百分比-诋毁者百分比

- NPS 越高，顾客满意度越高，企业效益就越好。
- 大多数企业的 NPS 在 5%～10%。有些企业，甚至有些行业（如垄断行业）的整体 NPS 为负值。
- 实践证明，NPS 领先（通常都在 50%以上）的企业，其增长速度远高于同行业竞争对手。
- NPS 比竞争对手高出 10%，企业的增长速度通常会高出 1 倍。

谁在使用 NPS

NPS 可用作关键绩效指标（KPI），将管理者的奖金多少与公司利润及客户忠诚度挂钩。NPS 还可指导员工的行为改善。因此，NPS 被广泛应用于通用电气、戴尔、思科、北欧航空公司（SAS）、亚马逊等零售业、金融业、制造业等行业中的企业。

如何获得并运用 NPS

- 确定你的顾客究竟是谁——应该既包含外部顾客，也包括内部顾客。内部顾客的 NPS 体现的是员工满意度。
- 让顾客对“终极问题”打分，一定要知道每个打分顾客对本公司的产值 / 利润的贡献率。
- 调查率至少为 60%。
- 像制作财务报表那样定期跟踪变化情况并进行审计，推广最佳实践。
- 了解 3 种顾客如此打分的真正原因，并设计出相应措施。
- 将措施落实到员工的具体行动。

服务步骤

奠定服务基调→调查、分析问题→寻求解决方案→达成共识→总结回顾→后续行动。

服务技巧及其应用

 服务技巧

出色的服务不仅要帮助顾客解决问题，还要让顾客心情舒畅——顾客不一定高兴而来，但要满意而去。所以，服务技巧既要包括解决问题技巧，也要包括人际关系技巧。顾客在确定你能否帮助他之前，首先在乎的是你是否愿意帮助他！

人际关系技巧

- 表现服务意愿；
- 体谅对方情绪；
- 承担责任。

解决问题技巧

- 了解情况；
- 提供信息；
- 征求建议；
- 提出建议；
- 检验理解；
- 建立共识。

服务技巧的应用

服务第1步：奠定服务基调（见表9-1）

表9-1 服务技巧在服务第1步中的应用

应运用的人际关系技巧	应运用的解决问题技巧
• 表现服务意愿 • 体谅对方情绪 • 承担责任	暂无

在服务的过程中，人们通常会与顾客争论问题的责任归属或急于帮助顾客解决问题，而忽视顾客到来时的情绪的倾向。服务不是争对错，也不仅是解决问题就完事大吉。服务的过程是你与顾客双赢的过程。

在这里必须再次提醒大家：顾客在确定你能否帮助他之前，首先在乎的是你是否愿意帮助他！顾客此时的心理需求包括：

- 被关心、照顾；
- 被倾听、善待；
- 被迅速地接待；
- 被认真负责地对待。

所以，无论顾客带着何种情绪来寻求你的服务，你必须首先表现出你的服务意愿，从而为你的服务奠定积极的服务基调。

1．表现服务意愿的做法

- 自我介绍。
- 微笑，目视对方并握手。
- 询问对方姓名，并在谈话中时常使用。
- 感谢光顾，友好而有礼貌。
- 如遇抱怨，真诚地表示遗憾或歉意。
- 保持积极的心理状态和身体语言。

- 欢迎顾客提出批评。
- 给顾客宣泄的机会。

2．体谅对方情绪的做法

- 点头，目视对方。
- 倾听，表情显出关切。
- 保持客观公正，不做评判。
- 如有必要，要敢于承认错误并致歉。
- 允许并鼓励对方宣泄情绪，自己保持冷静。
- 等对方逐渐平静后再开始解决问题的过程。
- “体谅情绪”常用表达法：
  - ➢ “我理解您此时的心情。”
  - ➢ “如果我是您，我也可能有同样的感受。”
  - ➢ “您不用着急，我会认真地听您说。”

3．承担责任的做法

承担责任并不是说要解决的问题一定是你的责任，而是指要表现出负责任的态度。

- 做笔记。
- 感谢顾客向你反映问题。
- 表示你会亲自关心这一问题的解决，或者在向有关方面交代后向顾客保证问题可以得到解决。
- 使用“我”，而不是“我们”。
- 表现出紧迫感。
- “承担责任”常用表达法：
  - ➢ “我会帮您处理这件事。”
  - ➢ “请您相信，这一问题一定会得到妥善的解决。”
  - ➢ “请您放心，我会为您找到问题的解决办法。”

人际关系技巧的运用，会在服务的一开始就给顾客留下积极的“关键时刻”（Moment of Truth，MOT）。

MOT也可译作“真实瞬间”，是北欧航空公司（SAS）前总裁简·卡尔森（Jan Carlzon）先生于20世纪80年代初在公司亏损10亿美元的情况下推行的具有深远影响的服务观念。他发现，顾客在与员工交流的过程中，其实随时都在头脑里为员工的工作和服务水准打分。员工的每个言谈举止、音容笑貌都会为顾客留下积极或不良的印象；每个印象就是一个关键时刻，而每个关键时刻就是顾客为员工打分的一次机会。消极的关键时刻太多，正是北欧航空公司当时存在巨额亏损的原因。因此，卡尔森提出要求，员工应力争给顾客的每个关键时刻都是积极的。由于公司上下对关键时刻的重视，SAS在一年之内扭亏为盈！

1分钟内，你至少可以为顾客留下4个关键时刻。不论你的顾客是外部顾客还是内部顾客，一天的工作中你可以为你的顾客留下多少关键时刻？你能保证留给他们的所有关键时刻都是积极的吗？

为留下积极的关键时刻创造机会，如：

- 在电话铃响3声之内，接听电话，问候对方并自报家门。
- 当顾客接近你时，更加注意面部表情。
- 当顾客投诉时，不要把投诉看作针对你个人的，而要把投诉看作提升服务的一次机会。

下列各场景中员工的事务处理方式是否符合服务的职业化标准？

A. 现在是上午11：45，马莉正在利用午饭前的15分钟修改一份报告。这份报告要在中午时交给经理。这时，电话响了。马莉让电话铃响了一会儿而没理会，但电话铃仍在继续响。她拿起电话，微笑着说：“我是马莉，我能为您做些什么？”

B. 刘东正在与同事谈论有关刚到货物的情况，这时电话铃响了。他马上拿起电话，问候了来电者，然后有礼貌地说："请您稍等一会儿。"接着与同事把话讲完。

C. 李新的部门负责国内旅游。一位顾客打来电话想咨询到澳大利亚的旅行。李新耐心地说："对不起，这里是国内旅游部，您应该同国际部联系。请稍等一会儿，我帮您转过去。"

D. 孟娜是经理助理。一位顾客打来电话找她的经理。她听不出来打电话的人是谁，便微笑着问道："我可以问一下是哪位打来的电话吗？"来电者通报了姓名，孟娜说："实在对不起，他不在。您需要留言吗？"

参考答案

A. 不合标准。电话应在铃响3声之内接听。

B. 不合标准。接听顾客电话后，即使再忙，也应首先处理顾客的问题。如需顾客等候，应说明等候原因。

C. 不合标准。在转接电话之前，应告诉顾客转接方的电话号码，以备万一。

D. 不合标准。应先说明实情，再询问顾客姓名，否则容易让顾客产生误解。

电话服务技巧

接听电话

- 铃响3声内拿起电话；
- 问候来电者；
- 自报家门（公司、部门、姓名）；
- 询问可以为对方帮什么忙。

持机等候

- 告诉顾客需要等候的原因；

- 询问顾客是否可以等候；
- 对顾客的等候表示感谢；
- 在顾客等候过程中，最多每30秒与顾客说一下进展情况；
- 回到电话上时，再次感谢等候；
- 如顾客不能（继续）等候，记下留言；
- 如顾客不想留言，询问是否可记下他的联系方式，以便之后与其联系。

转电话

- 询问顾客的姓名及事由；
- 向顾客解释转电话的原因及转给何人；
- 询问顾客是否介意把电话转到他处；
- 告诉顾客将要接电话的部门及有关人员的电话号码；
- 转电话前，与将要接电话的人交代：
  - 顾客是谁；
  - 事由，以免顾客重复相同的信息；
- 挂电话前，确认电话已转过去。

记录留言

- 从积极的方面解释同事不在的原因；
- 询问对方是否愿意留言；
- 用留言条记录留言；
- 询问来电者的姓名及联系方式；
- 核实留言内容；
- 问对方何时回话最好；
- 再次向对方确认你将把留言交给应收人；
- 结束通话后记录通话日期、时长，签上自己的名字，送至应收人办公桌，放在明显的位置。

结束通话

- 与对方确认重要信息；
- 询问对方是否还需其他帮助；
- 感谢对方打来电话；
- 让对方先挂电话；
- 结束后立即将有关信息变为行动计划。

服务第2步：调查、分析问题（见表9-2）

表9-2 服务技巧在服务第2步中的应用

应运用的人际关系技巧	应运用的解决问题技巧
• 表现服务意愿 • 体谅对方情绪 • 承担责任	• 了解情况 • 检验理解

1. 了解情况

- 积极、认真地倾听顾客解释。
- 重视顾客的感受。
- 灵活运用“开放式”和“封闭式”提问方法，寻求问题根源。

2. 检验自己的理解

- 核实或澄清事实。
- 确认顾客的要求。
- 复述顾客提出的问题。
- 常用表达法：
  - “如果我理解正确的话，您的意思是……”
  - “我可否重复一下刚才您所说的？”
  - “如果我记得正确的话，您上面提到了这么几点……对吗？”

3．调节顾客的期望值

- 在这一步骤，你会更加清楚顾客对你以及产品 / 服务的期望值。
- 坦诚地、实事求是地告诉顾客你可以满足的期望。
- 切勿承诺过高而实际做不到。
- 明确表示你能够为顾客做什么。

服务第 3 步：寻求解决方案（见表 9-3）

表 9-3　服务技巧在服务第 3 步中的应用

应运用的人际关系技巧	应运用的解决问题技巧
• 表现服务意愿 • 体谅对方情绪 • 承担责任	• 提供信息 • 征求建议 • 提出建议 • 检验理解

1．提供信息

- 介绍情况要明确、全面并相关，切勿超出顾客需要的范围或啰唆。
- 应使用顾客不陌生的非技术语言。
- 谈论事实，同时分享你的经验、见解和感受。
- 如有坏消息，需要告知顾客。
    - ➢ 立刻告知顾客。
    - ➢ 直截了当。
    - ➢ 或先告诉好消息，再告诉坏消息。
    - ➢ 向顾客解释不能达到顾客要求的原因。
    - ➢ 强调正面的补救办法。
    - ➢ 承担应负的责任。

2．征求建议

- 明确表示你能够为顾客做什么。

- 向顾客征求对问题的看法和建议。
- 表现出诚意。
- 积极地倾听。

3．提出建议

- 说你能干什么，而不用说你不能干什么。
- 不要一次提出太多的方案。
- 在顾客建议的基础上做有意义的引申。
- 说明你的建议的好处，然后征求顾客对你的建议的看法。
- 可采用“我理解……有人也曾这样认为……可我们发现……”的方法委婉地将顾客引导到你的建议。

此步骤是顾客服务的要害步骤。顾客倘若在此步骤不能获得解决方案，会感到不快。因此，你需要重新奠定积极的服务基调，然后更有效率地去探寻问题的原因和解决方案。

4．检验理解

“检验理解”可以说是除第 1 步外其他步骤都需要使用的解决问题技巧。要达到双赢，你和顾客必须对双方的想法达成共识。因此，你在服务过程应随时提醒自己：

- 检验顾客对信息和你的建议的理解。
- 检验你对顾客的说法和建议的理解。

服务第 4 步：达成共识（见表 9-4）

表 9-4　服务技巧在服务第 4 步中的应用

应运用的人际关系技巧	应运用的解决问题技巧
• 表现服务意愿 • 体谅对方情绪 • 承担责任	• 检验理解 • 建立共识

检验理解与建立共识

- 最后的解决方案最好能融合你和顾客双方建议的优点。
- 力求彼此都满意的方案。
- 积极地倾听。
- 检验你和顾客双方的理解。

服务第5步：总结回顾（见表9-5）

表9-5　服务技巧在服务第5步中的应用

应运用的人际关系技巧	应运用的解决问题技巧
• 表现服务意愿 • 体谅对方情绪 • 承担责任	• 提供信息 • 检验理解

提供信息及检验理解

- 让顾客提供新的情况。
- 调节顾客期望值。
- 解释服务步骤。
  - ➢ 需要干什么；
  - ➢ 将做什么；
  - ➢ 顾客可以期望什么。
- 向顾客保证服务质量。
- 最后检验顾客理解，感谢顾客合作。

服务第6步：后续行动（见表9-6）

表9-6　服务技巧在服务第6步中的应用

应运用的人际关系技巧	应运用的解决问题技巧
• 表现服务意愿 • 体谅对方情绪 • 承担责任	• 提供信息 • 检验理解

提供信息与检验理解

- 跟进内部顾客。
  - 向有关方面提供信息。
  - 确认各方理解一致。
  - 落实行动计划。
- 定期联络外部顾客。
  - 通知进展情况。
  - 让顾客放心。
  - 确认顾客的满意程度。
  - 感谢顾客的合作。

从以上服务步骤可以看出，你应自始至终注意 3 个人际关系技巧的运用，这样才能保证你的服务留给顾客的关键时刻始终是积极的。

思考

- 你的服务对象是谁?
- 你从工作中获得了哪些乐趣? 这些乐趣中，哪些是你的服务给你带来的?
- 你如何将你的服务做得更好?

收获及行动计划

主要收获	工作和生活中 如何应用	怎样检验应用 （知行合一）的效果
1.		
2.		
3.		
4.		
5.		
……		

附录 9-1　角色演练

找一个同伴配合你进行以下角色演练。同伴扮演顾客，你扮演服务人员。演练之前：

- 仔细阅读各自的角色说明。
- 你最好不要看到顾客角色说明，这样会更好地检验你运用培训中所学的效果。
- 请认真回顾一下服务步骤和技巧。你可以利用后面的“服务步骤和技巧检查清单”准备你的服务过程。

服务人员角色说明

你在×××航空公司机场办票处值班，刚刚办完飞往哈尔滨的××××号航班的登机手续，正准备换岗。离飞机起飞还有 25 分钟，你看到一位旅客提着行李（应托运）急匆匆走来，你掌握如下情况：

- 飞机票超额订出，机上已没有空座位。
- 按规定并已通知了所有旅客，如果旅客截至飞机起飞前 30 分钟仍未办理登机手续，座位将不予保留。
- 下一班×××航空公司飞往哈尔滨的飞机到达目的地的时间是 12:25。

顾客角色说明

- 你经常坐飞机旅行，而且是×××航空公司的常旅客。
- 你现在在机场办票处准备办理登机手续，你有需要托运的行李。
- 因为堵车，你刚到机场。你准备乘坐的××××号飞往哈尔滨的航班将于 25 分钟后起飞，该飞机将于 11:10 到达目的地。
- 你要在哈尔滨开一个重要的会议（13:00 开始），从机场到会议地点需要 40 分钟。

- 航空公司规定，旅客应最晚于飞机起飞前 30 分钟办理登机手续，否则座位不予保留。
- 你想登上这班飞机，以保证准时出席会议。会上你还有重要发言，该发言会对董事会的决议产生影响。
- 你现在情绪不好，十分焦急。

服务步骤和技巧检查清单

服务步骤	应运用的 人际关系技巧	如何做	应运用的 解决问题技巧	如何做
1．奠定服务基调	• 表现服务意愿 • 体谅对方情绪 • 承担责任		暂无	
2．调查、分析问题	• 表现服务意愿 • 体谅对方情绪 • 承担责任		• 了解情况 • 检验理解	
3．寻求解决方案	• 表现服务意愿 • 体谅对方情绪 • 承担责任		• 提供信息 • 征求建议 • 提出建议 • 检验理解	
4．达成共识	• 表现服务意愿 • 体谅对方情绪 • 承担责任		• 检验理解 • 建立共识	
5．总结回顾	• 表现服务意愿 • 体谅对方情绪 • 承担责任		• 提供信息 • 检验理解	
6．后续行动	• 表现服务意愿 • 体谅对方情绪 • 承担责任		• 提供信息 • 检验理解	

功夫十

问题分析与解决

在生活和工作中，我们常会用到“问题”一词。当然，这和我们人类不可避免地经常遇到问题有关。在英语中，“问题”一词有“question”“problem”“issue”等说法。《现代汉语词典》（第7版）对“问题”一词的解释主要有以下几种：

- 要求回答或解释的题目。
- 须要研究讨论并加以解决的矛盾、疑难。
- 关键；重要之点。
- 事故或麻烦。

职场中关注的“问题”，与第2种和第4种解释有关。管理学将这些“问题”归纳为如下定义：“问题”是现实同标准（或预期结果）之间的差距。

职场人士实现绩效目标和完成工作任务的过程，实际上就是不断发现问题和解决问题的过程。绩效目标即标准或预期的结果，目前的工作状态即现状。组织其实也是通过不断发现问题和解决问题而发展壮大的。那么，作为组织成员的你，假如不是解决方案的一部分，就必将成为问题的一部分。职业化员工要力求成为问题克星。

本门功夫的要领

- 工作中需要解决的3类问题
- 个人决策与团队决策的差异
- 解决非程序化问题的6步骤及其常用方法和工具

工作中需要解决的3类问题

概括来讲，组织和我们在工作中需要解决的问题可以分为3类。

程序化问题

第 1 类是可以通过程序化决策方式解决的问题，即程序化问题，如通常会反复出现的一些职能性工作任务。例如：

- 对到期应收账款的处理。
- 对关于常规性问题的客户投诉的处理。
- 办公用品的订购。
- 项目成立后部门之间的配合。

可以通过程序化决策方式解决的问题，一般需要满足以下条件：

- 拥有足够的资源用于数据收集和分析，并积累了足够的定量数据。
- 拥有稳定的环境，无须经常做流程上的改变。
- 拥有能够设计可靠的程序或标准的资源，并由专人负责监督和执行。

譬如，要将常规性问题的客户投诉处理工作做好，就必须符合这些条件。

半程序化问题

第 2 类是半程序化问题，即问题的一部分可以通过程序化决策方式解决，但最终结果需要通过非程序化决策方式来获得。需要通过非程序化决策方式解决的问题通常对组织和我们个人来说没有先例，所以解决方案无章可循。半程序化问题的典型例子就是：项目进行当中一旦出现项目计划之外的风险和偏差，则需要运用风险管理和偏差纠正的程序化决策方式进行应对，但项目是否或如何继续进行的问题却需要通过非程序化的决策方式来解决。

非程序化问题

组织和我们在工作中需要解决的第 3 类问题就是非程序化问题。管理中的重大决策大多是需要通过非程序化决策方式解决的问题，如企业经营模式的创新、组织结构的重组等。员工个人在实现绩效和工作目标中遇到的关键问题，也很可能是这类问题。尽管这类问题的答案无章可循，但值得庆幸的是，我们可以通过一套科学的、结构化的解决步骤和方法、工具，将这类非程序化问题有效地加以分析和解决。这也正是本门功夫的意义所在。

当然，组织需要重视的是，非程序化问题解决到一定程度和数量后，有可能成为程序化问题或半程序化问题。组织应在可能的情况下尽快将问题的解决方案程序化，避免组织和成员以后遇到同样问题时仍然“摸着石头过河”。可以说，将非程序化问题转化为程序化或半程序化问题的速度，可以反映一个组织的整体水平尤其是知识管理的水平。需要提示的是，将非程序化问题转化为程序化问题的过程，也需要下面我们将要讲到的非程序化问题的解决步骤和方法、工具。

个人决策与团队决策的差异

个人决策与团队决策的差异如表 10-1 所示。

表 10-1　个人决策与团队决策的差异

项目	个人决策	团队决策
决策方式	非结构化，通常依赖个人经验和直觉	结构化，即采用下面要讲到的非程序化问题的解决步骤和方法、工具
错误率	较高	低
速度	快	较慢
创造性	适合突发、紧迫的问题	适合任务明确、责任重大、执行程序清楚的问题
风险性	适合风险性小的问题	适合风险性大的问题，但易极端，即要么过于激进，要么过于保守
决策效能	被认可度较差	易被接受及执行

个人决策和团队决策虽各有利弊，但无论是个人还是团队，在遇到非程序化问题时，都可以遵循以下步骤对其加以解决。

解决非程序化问题的 6 步骤及其常用方法和工具

解决非程序化问题的 6 步骤如图 10-1 所示。

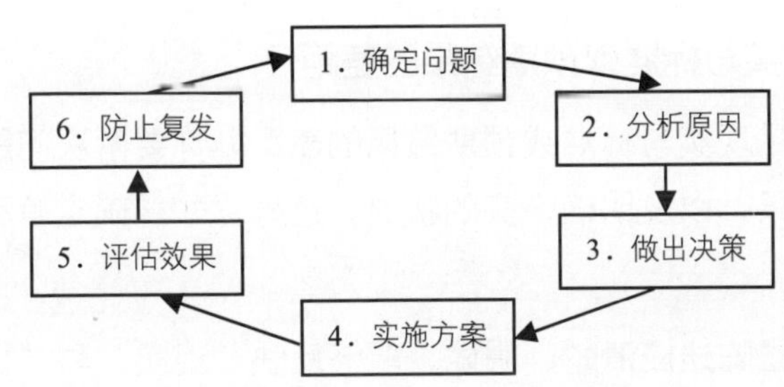

图 10-1　解决非程序化问题的 6 步骤

步骤 1：确定问题

要想解决问题，首先要明确问题到底是什么。因此，你必须分清表面问题和实质问题。我们容易被表面问题所蒙蔽。如果解决方案只能治标（解决表面问题）而不能治本（解决实质问题），结果往往是得不偿失。

一旦发觉有问题出现，不要急于去解决它，而是问 3～5 个“为什么”，这样会帮助你找到实质问题。例如，体检证明你的体重严重超标。此时，肥胖可能还只是表面问题，并不是实质问题。你可以问以下“为什么”来确定实质问题：

- “为什么我会体重超标？”其实你平时还是非常注意饮食平衡的，但你缺少运动。缺少运动应该是你的一个问题。
- “为什么我缺少运动？”工作忙得好像让你抽不出时间去运动。

- “为什么我总觉得工作很忙？”你确实很喜欢你的工作，好像对其他事情在意得不多。

问到这里，你已经发现，肥胖可能反映的是你的工作和生活不够平衡或过于融合。这时对你来说的问题实质：因为工作而忽视了身体健康，这样值得吗？

当然，倘若你问了一个“为什么”后发现实质问题就是缺少运动的话，你就可以开始制订你的运动计划了。

定义问题：现实与标准或预期结果的差距

既然问题是现实与标准或预期结果的差距，你要解决问题就必须明确标准或预期结果，以及明确现实的状况，这样你才能确定差距的大小和问题的严重程度。

因此，问题陈述应清楚、明确，能够反映“现实”与“标准”或“预期结果”的差距。

譬如，你的问题是超重，那你就需要知道你目前的体重与标准体重的差距。倘若你的问题在于工作与生活失去平衡，那你就需要明确你对工作时间和压力的期望，以及对生活质量的要求，通过与工作和生活现状的比较，得出差距。

明确了差距，解决问题时才能有的放矢。

评估问题

- 此问题为何必须解决？不解决会出现什么结果？
- 你可以自己解决，还是需要同团队一起解决？当你和团队对问题的解决既无控制力也无影响力时，你需要考虑的是如何避免问题对你和团队造成消极影响。譬如，媒体对你所在的企业有很负面的报道，如果公司领导不出面解决的话，靠你和部门的力量是无法挽回公司形象的。你现在能够做的是维护好你的客户，尽量减少公司形象受损所带来的销售额下降。当然，有时你也需要考虑是否应该采取“三十六计”的“走为上计”。

“确定问题”练习

- 确定目前工作或生活中你最希望解决的问题。
- 用“5个为什么”的方法确定实质问题；
- 用问题定义的方法，确定问题的“差距”；
- 将问题陈述清楚并明确地写下来；
- 确定你是自己还是通过与别人合作的方式解决这一问题。

步骤2：分析原因

这一步骤的目的是深入探寻产生问题的主要原因和根本原因，从而对症下药。分析问题一般采用定性分析和定量分析。

对偶然发生或非数据性的问题，应做定性分析；对经营性或数据性的问题，除进行定性分析以外，还需要做定量分析。

定性分析方法及工具

定性分析的方法及工具包括头脑风暴法、名义群体法、德尔菲法、流程图法、鱼骨图等。这里重点介绍常用的头脑风暴法、名义群体法和鱼骨图。

1. 头脑风暴法

头脑风暴法（Brainstorming）又称“脑力激荡法”，从20世纪50年代开始流行，用途十分广泛，既可用在分析问题原因的阶段，也可用在产生备选解决方案的阶段。可以说，头脑风暴法是运用团队方式解决问题非常常用的方法，在许多组织中就像家常便饭。我们在工作中遇到的问题，需要借助专家来解决的并不多，绝大部分问题都可以由自己和团队来解决，而这些问题中，又多数可以借助头脑风暴法来解决。

头脑风暴法的具体操作方法

（1）选择一个合格的主持人。主持人需具备以下条件：

- 了解召集的目的；
- 掌握头脑风暴的原则；
- 善于引导大家思考和发表观点；
- 自己不发表倾向性观点；
- 善于阻止相互间的评价和批评。

（2）召集与问题相关的人员。人数最好在6～12人，如果人数太多则可分成若干小组。参加者当中，甚至可以有一两个与问题毫不相关但十分有创意的人。

（3）选择一个舒适的地方。选择的地点应该具备下列条件：

- 一间安静、温度适宜、光线柔和的办公室或会议室。当然也可以是户外，如草地上、假山旁、树荫下。
- 严禁电话或无关人员干扰。
- 最好有一台性能良好的录音机，能够把全部过程都录下来。当然也可以不用录音机，而改用快速记录。
- 有一块白板及相应的书写工具。

（4）头脑风暴的核心原则：

- 集中思想，是指参与者将所有注意力集中在所研讨的问题上，排除一切干扰。
- 自由奔放，是指每个人都不受任何约束地讲出自己的看法，不管看法听起来多么可笑，或者多么不切实际。除不具体的观点以外，头脑风暴中没有无效观点。
- 延迟评判，这是头脑风暴的最重要规则。任何时候、任何人都不要对任何观点进行评判，直到结束头脑风暴并进入决定阶段。

- 以量求质。头脑风暴活动永远先追求解决方案的数量，然后才追求质量。它有一个基本假设：量多，一定有质优的；如果没有优质意见，那一定是因为量还不够多。所以，与一般的研讨会追求 3～5 种解决方案不同的是，头脑风暴一般追求一次性收集三五十种甚至一二百种意见。

（5）头脑风暴的程序：

- 主持人在活动开始时要讲明活动目的和头脑风暴的规则。头脑风暴时，一次一般只讨论一个问题；如果问题很多，可分别进行几次独立的头脑风暴。
- 可以让每个人先就问题独立考虑 5～10 分钟。
- 要求每个人都要发表看法。发表看法时，对自己的意见简单说明一下，切忌过多解释，让人明白意思即可。
- 主持人进行开放式提问以激发更多点子，鼓励从别人的观点中引申出新的意见。

  譬如，对“如何激励员工”做头脑风暴时，假使有人提出方案——可以停薪留职，若思维发散一下，就可能引申出另一个听起来有些异想天开的方案——停职留薪。再引申下去，就有可能得到一个时下已非常流行的对员工（尤其对高层管理人员）非常有激励作用的可行性方案——奖励公司股票或股份期权，因为这样等于你已成为公司股东，也就是说，不用上班也可以拿到钱，即停“职”留“薪”。“奖励股权”的激励措施也许就是源自一次头脑风暴。

- 指定一至两位写字速度快的记录员，把每种方案写在白板上，使每个人都能看见，以利于激发新的方案。
- 头脑风暴时间一般不要超过 90 分钟，有时 10 多分钟，半小时也可以。
- 头脑风暴结束后，通过参与者共同讨论，将意见归类，评选出最好的意见。

2. 名义群体法

头脑风暴法所体现的活跃气氛虽然理想，但并非总能实现，尤其在比较含蓄的东方国家。以下情况往往会对头脑风暴造成障碍：

- 参与者的权力、地位不够平等；
- 相互关系不够融洽；
- 口头表达能力参差不齐。

可能结果：

- 地位高、权力大的人搞“一言堂”，其他人随风倒；
- 自信心较低、表达力也不强的人的好想法被埋没。

名义群体法（Nominal Group Technique，NGT）可以避免头脑风暴法的这些弊端，而且与头脑风暴法相比，通过名义群体法获得的意见或建议在质量上通常要更高。

名义群体法的具体步骤

（1）主持人提出讨论题目。

（2）参与者各自将意见匿名写在纸条上，不许讨论，一张纸条上只写一个意见。

（3）由主持人或指定人员将纸条收集以后，依次将意见抄写在大家都能看到的记事板上，按相同意见统计票数，此时也不进行任何讨论。

（4）待将所有意见抄写完毕后，参与者对每条意见进行讨论，但大家不知道每条意见的提出者是谁（因此叫名义群体）。此时还可发挥头脑风暴引申观点的优点对已经提出的意见加以完善。

（5）通过讨论和评估，与会人员再次匿名对已提出的意见的优劣做出排序，一般选出3～5项。

（6）最后综合所有成员的排序，选择最多的意见就是最佳意见。

3．鱼骨图

鱼骨图又称石川图或因果图，是归纳问题原因的常用工具，因绘制出来的形状像鱼骨而得名。这一工具有助于将问题分析的思路条理化，并明确一个人在解决问题过程中的位置。

图 10-2 是一家复印机制造公司针对客户不满问题进行原因分析而制作的鱼骨图。

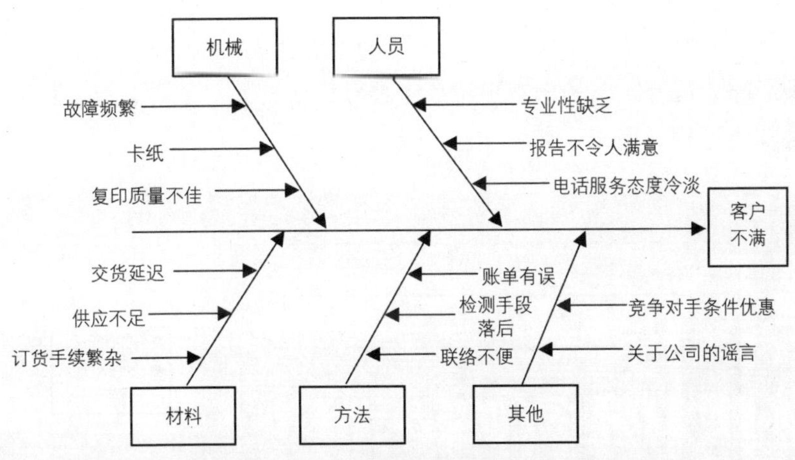

图 10-2　鱼骨图

鱼骨图的绘制方法

（1）画出鱼骨的主干，将确定的问题填在结果处。

（2）添加上原因大类。机器（硬件）、方法（软件）、材料（供应）和操作者（人员）是常用的原因分类，当然你也可自行决定加上其他事项（如环境）作为问题原因。

定量分析的方法及工具

定量分析的方法及工具包括变量图、帕累托图、散点图、核查表、控制图等，其中常用的是变量图和帕累托图。下面我们主要介绍这两个定量分析工具。

1．变量图

当问题可以通过相关数据的变化趋势来反映时，你就可以使用变量图。它是表现变量数值连续变化的图。常见的变量图形式：

- 条形图 / 直方图，是由水平轴和垂直轴组成的。对多个变量，既可叠加也可相邻而画，如图 10-3 所示。

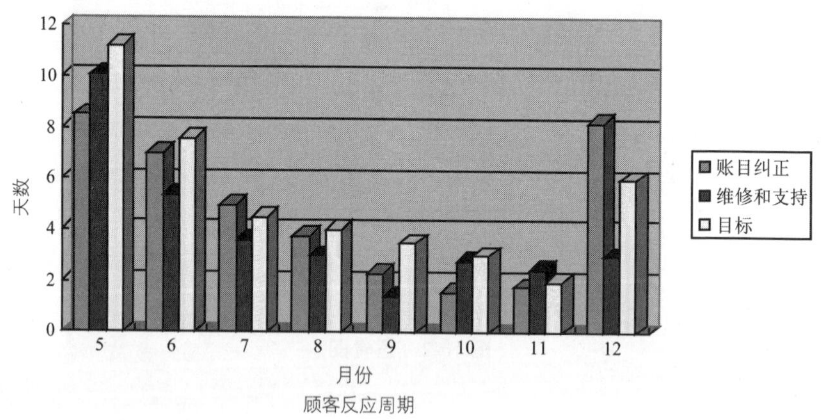

图 10-3　条形图

- 饼图，也称圆形图，在百分比总和是 100%时很有用，非常直观易懂，如图 10-4 所示。

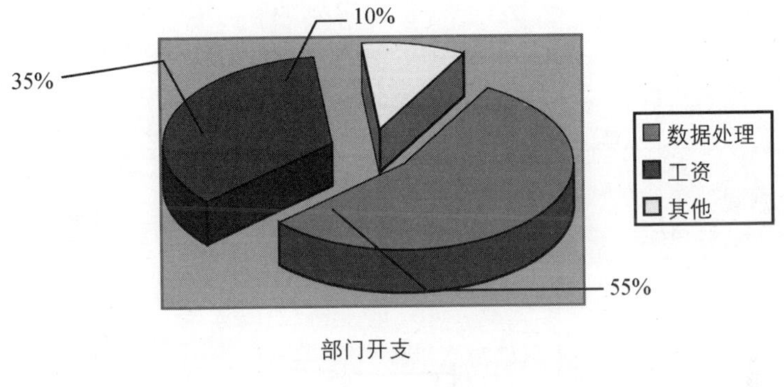

图 10-4　饼图

2．帕累托图

帕累托图又称排列图、主次图。当问题包含多种原因并能分清主次大小时，就可以绘制帕累托图，最常用于分析影响产品质量的主要因素。该图能清楚地提示你应首先解决什么问题。

帕累托图是根据“关键的少数和次要的多数”（即“80/20 法则”）而制作的。也就是将产品质量的众多影响因素，按其影响程度，用直方图形排序，从而找出主要因素。其结构包含两个纵坐标、一个横坐标、若干个直方图形和一条折线。左侧纵坐标表示不合格品出现的频数（出现次数或金额等），右侧纵坐标表示不合格品出现的累计频率（可用百分比表示），横坐标表示影响质量的各种因素并按影响程度排序，直方图形高度对应左侧纵坐标，折线上的数据对应右侧纵坐标（折线也称帕累托曲线）。通常根据累计频率可将影响因素分为三类：0～80%（不含 80%）为 A 类因素，也就是主要因素；80%～90%（不含 90%）为 B 类因素，是次要因素；90%～100% 为 C 类因素，即一般因素。由于 A 类因素占所存在问题的 80%，此类因素得到了解决，则质量问题就大部分得到了解决。

例如，某酒杯制造厂对某日生产中出现的 120 个次品进行统计，做出如图 10-5 所示的帕累托图。

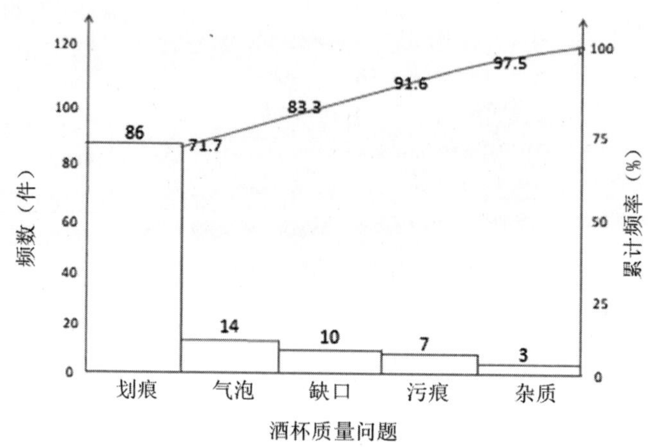

图 10-5 帕累托图

该图表明：酒杯质量问题的主要影响因素是划痕，一旦这个问题得到解决，大部分质量问题即可被消除。

“分析原因”练习

- 分析步骤 1 的“确定问题”练习中确定的问题。
- 确定是否需要发动团队成员用头脑风暴法列举与问题有关的各方面因素。
- 归纳这些因素，制作鱼骨图。
- 可用名义群体法确定问题的主要原因和根本原因，并将主要及根本原因明确表述出来。
- 确定是否需要对问题进行定量分析，是否可以使用变量图或帕累托图。

步骤 3：做出决策

进入这一步骤，也就进入了解决问题的决策阶段。解决同一问题的方案可能有许多。可供选择的方案越多，产生优秀方案的概率也就越大。因此，做出决策的第一步是提出备选方案。

提出备选方案

提出备选方案时，仍可使用头脑风暴法和名义群体法。在拥有了一定数量的备选方案之后，需要关注的就是这些方案的质量了。要获得高质量的方案，你必须评估备选方案。

评估备选方案

评估备选方案时，首先通过数量评估选出 3 个备选方案，然后通过理性评估确定最佳，即决策方案。

对方案进行数量评估时，常用的方法有投票表决法和名义群体法。投票表决法是指少数服从多数，但投票要在充分的讨论之后进行，不能仓促行事，否则主观性过强。

对方案进行理性评估时，方法包括逆向头脑风暴法、德尔菲法、力场分析法、打分法（决策矩阵法）、情景分析法、决策树分析法等。下面向大家介绍常用的几种方法。

1．逆向头脑风暴法

（1）将备选方案公布出来。

（2）遵循头脑风暴法的程序，寻找每一方案的缺点。

（3）挑出缺点最少而且最有可能用来解决问题的方案作为最佳方案。

2．德尔菲法

德尔菲法是一种专家评议的方法，其步骤如下：

（1）选择若干与命题有关的专家，将备选方案和必要资料提供给他们，让他们独立思考和提出意见。

（2）将这些专家的意见分类、总结，筛选出交叉重复的几种意见，将结果反馈给各位专家。

（3）各位专家根据该结果再提出方案。

（4）将专家意见再次集中起来，进行归类。

（5）重复第2、3、4步，直到取得最一致的意见。

3．力场分析法

力场分析法（见表10-2）常用于对备选方案进行风险评估。你需要将促使问题解决的因素和阻碍问题解决的因素分别罗列出来。

表10-2　力场分析法

驱动力 （促使问题解决的因素）	约束力 （阻碍问题解决的因素）

行之有效的方案应该是加大解决问题的驱动力或减小约束力，或者绕过约束力的干扰。若解决方案反而会加大某种重要的约束力的话，如员工满意度本来就不高而解决方案又很可能损害多数员工的士气，这个方案的风险就较大，很难成为最佳方案。有时我们宁可选择不十分理想但风险小的方案，也要避免选择接近理想却具有危机的方案。

4．打分法

打分法也可称为决策矩阵法。这一方法的优点在于，可以包括多种选择标准，并根据这些标准对问题的重要程度赋以权重，从而使解决方案更加全面周到。具体步骤如下：

（1）列出绝对要求，即解决方案必须符合的标准，并按重要性赋值（或权重、比例）。

（2）列出希望达到的目标（或称理想要求），即为解决方案锦上添花的标准，亦按重要性赋值（或权重、比例）。

（3）根据这些标准为备选方案分别打分。

（4）总分最高的为最佳方案；如果得分相同，绝对要求分值最高的为最佳方案。

例如，某解决方案需要符合的标准如表 10-3 所示，根据这些标准可为备选方案打分（见表 10-4）。

表 10-3　列出绝对要求和理想要求

绝对要求			理想要求		
	分值			分值	
最重要	10	利润	最重要	6	方便
	8	质量		4	美观
	6	交货期	最不重要	2	体积
	4	成本			
最不重要	2	数量			

表 10-4　根据标准为备选方案打分

标准		备选方案 1 的得分	备选方案 2 的得分	备选方案 3 的得分
绝对要求	利润			
	质量			
	交货期			
	成本			
	数量			
理想要求	方便			
	美观			
	体积			
各备选方案总分				

对备选方案进行理性评估后，问题的最佳解决方案终于脱颖而出！

“做出决策”练习

- 根据步骤 2 的“分析原因”中得出的问题原因，研究解决方案。
- 首先提出备选方案，可采用头脑风暴法或名义群体法。

- 选出 3 个备选方案为最后决策之用，可采用投票表决法或名义群体法。
- 运用逆向头脑风暴法、力场分析法对 3 个备选方案进行评估。
- 假如打分法可行，对各备选方案打分。
- 确定最佳解决方案及其表述。

步骤 4：实施方案

如果要解决的问题相当复杂，对方案的实施可以运用项目管理方法。跟踪执行进度的常用方法为行动计划和甘特图。

行动计划

行动计划示例如表 10-5 所示。

表 10-5 行动计划示例

行动步骤（按时间顺序）	所需资源	负责人	起始时间	预期效果	实际效果	应急措施	何时进行行动反馈

甘特图

甘特图是一种十分直观地显示进度的方法。甘特图以图或表格的形式显示活动，制作时应包括实际日历和持续时间，通常不将周末和节假日算在进度之内。例如，某市场调研项目的进度跟踪就使用了如图 10-6 所示的甘特图（其中黑色阴影部分显示了这一项目的关键路径，即影响项目整体进度的那些活动及其所需要的时间）。

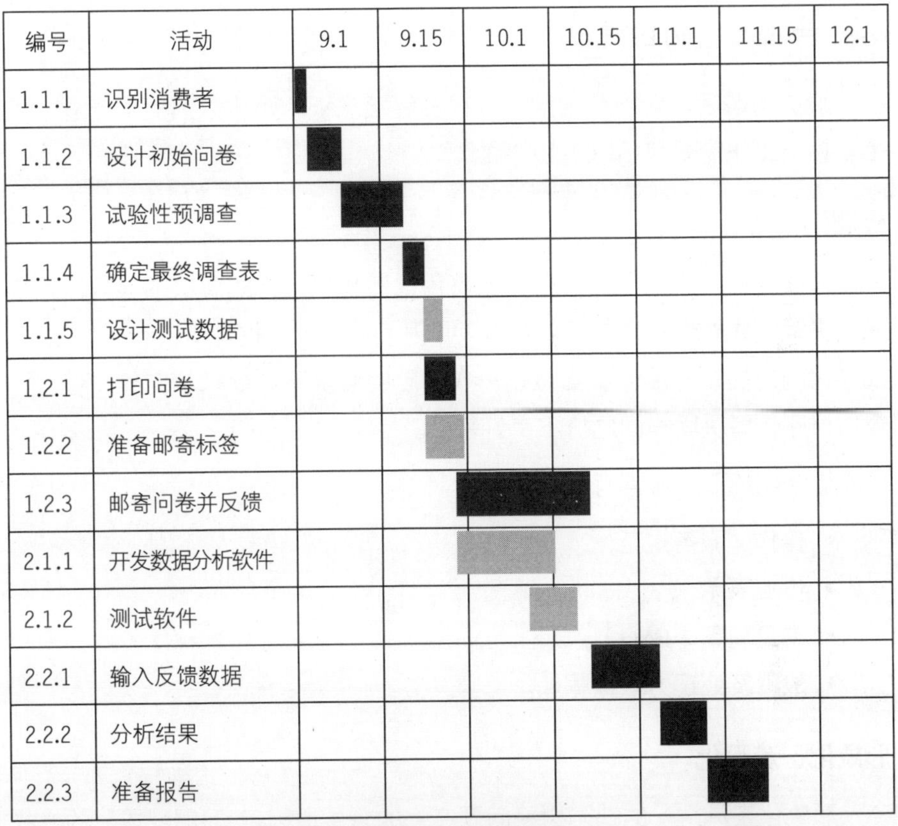

编号	活动	9.1	9.15	10.1	10.15	11.1	11.15	12.1
1.1.1	识别消费者							
1.1.2	设计初始问卷							
1.1.3	试验性预调查							
1.1.4	确定最终调查表							
1.1.5	设计测试数据							
1.2.1	打印问卷							
1.2.2	准备邮寄标签							
1.2.3	邮寄问卷并反馈							
2.1.1	开发数据分析软件							
2.1.2	测试软件							
2.2.1	输入反馈数据							
2.2.2	分析结果							
2.2.3	准备报告							

图 10-6　甘特图示例

步骤 5：评估效果

分析和评估解决方案效果的频率和时间必须在行动计划中体现出来。通过跟踪并比较实际与预期的结果，相应调整解决方案或行动计划。进度跟踪仍可通过甘特图反映。实际效果可以与行动计划中设定的关键绩效指标（KPI）进行对比。量化结果可以通过变量图、帕累托图等量化工具体现。

 步骤6：防止复发

解决问题后，必须总结解决过程及经验教训，防止以后类似问题的发生。总结工作需要包括以下几方面。

标准化

前面提到，组织中的问题，能够用程序化决策方式解决的就争取用程序化决策方式处理，这样可以节省大量时间和成本，提高运营和工作效率。程序化的前提是标准化。当然，一次问题的解决不会令标准完善，但会为今后程序化解决同样问题打下良好基础。

标准化的形式通常有：

- 操作、服务规范；
- 作业表单；
- 常见问题（FAQ）；
- 故障及处理方法数据库。

形象化、流程化

形象化工具之一的缺陷树将问题产生的各层原因用“和”“或”的方式画图列出，再针对造成问题的前70%的原因做预防，这样就可以对问题起到很强的防患于未然的作用。

关于如何将解决方案流程化，建议大家阅读有关流程建立和改善方面的书籍或参加相关培训。

文件化、体制化

为防止问题复发，标准化、流程化还不够，一定要文件化，并逐步过渡到体制化。文件化、体制化的意思是说，标准和流程不是简单的摆设，而是一定要遵守和执行的规章制度，组织会采取相应的奖惩措施使其成为

组织管理、运营体系甚至企业文化的组成部分。

以上，我们对分析和解决非程序化问题的 6 步骤及其常用方法和工具进行了比较全面的介绍。这是一种结构化分析和解决问题的方法，是逻辑决策思维的体现，其假设前提通常为：经过调查研究能获得较充足的、与问题相关的信息和资料，并且拥有解决问题的相关人员。当问题的解决缺乏足够的信息，或者存在很大的不确定性，或者备选解决方案很多且都具有合理性时，直觉，即融合了一个人知识和经验的感性认识，在决策中也是相当重要的。因此，即使结构化地去分析和解决问题，也不能排除直觉判断在解决问题过程中的积极作用。

思考

请运用非程序化问题的解决步骤和方法、工具解决以下问题：

- 怎样形成良好的工作习惯?
- 怎样与同事相处得更好?
- 怎样提高公司的市场份额?
- 怎样提高顾客满意度?

收获及行动计划

主要收获	工作和生活中 如何应用	怎样检验应用 （知行合一）的效果
1.		
2.		
3.		
4.		
5.		
……		

[1] 杰弗里·H. 格林豪斯，杰勒德·A. 卡拉南，维罗妮卡·M. 戈德谢克. 职业生涯管理[M]. 王伟，译. 第 3 版. 北京：清华大学出版社，2006.

[2] Edgar H. Schein. Career Anchors: Discovering Your Real Values [M]. San Francisco: Jossey-Bass/Pfeiffer, 1990.

[3] Milton Rokeach. Rokeach Value Survey [M]. California: Pon Press, 2012.

[4] John L. Holland. Making Vocational Choices [M]. London: Prentice Hall College Div，1984.

[5] 国家职业分类大典修订工作委员会. 中华人民共和国职业分类大典[M]. 2015 年版. 北京：中国人力资源和社会保障出版集团有限公司，2015.

[6] 史蒂芬·柯维. 高效能人士的七个习惯[M]. 高新勇，王亦兵，葛雪蕾，译. 30 周年纪念版. 北京：中国青年出版社，2018.

[7] 史蒂芬·柯维. 高效能人士的第八个习惯：从效能迈向卓越[M]. 陈允明，王亦兵，梁有昶，译. 北京：中国青年出版社，2013.

[8] 李耳. 道德经：老子[M]. 邱岳，注. 北京：金盾出版社，2009.

[9] 斯蒂芬·伦丁. 鱼：一种提高士气和改善业绩的奇妙方法[M]. 秦玉熙，译. 北京：中信出版社，2002.

[10] Howard Gardner. Frames of Mind: The Theory of Multiple Intelligences [M]. New York: Basic Books, 1993.

[11] Daniel Goleman. Emotional Intelligence: Why It Can Matter More than IQ [M]. New York: Bantam Books, 1997.

[12] 费德里克·阿恩. 灵感[M]. 张恒毅，译. 北京：机械工业出版社，2006.

[13] 乔恩·卡巴金. 多舛的生命：正念疗愈帮你抚平压力、疼痛和创伤[M]. 童慧琦，高旭滨，译. 原书第2版. 北京：机械工业出版社，2008.

[14] 约翰·蒂斯代尔，等. 八周正念之旅：摆脱抑郁与情绪压力[M]. 聂晶，译. 北京：中国轻工业出版社，2017.

[15] 芭芭拉·明托. 金字塔原理[M]. 汪洱，高愉，译. 海口：南海出版公司，2019.

[16] 爱德华·德博诺. 六顶思考帽[M]. 马睿，译. 北京：中信出版社，2016.

[17] Fred Reichheld. The Ultimate Question: Driving Good Profits and True Growth[M]. Boston: Bain & Company，2006.

[18] 詹·卡尔森. 关键时刻 MOT[M]. 韩卉，译. 北京：中国人民大学出版社，2013.

[19] 彼得·圣吉. 第五项修炼：学习型组织的艺术与实践[M]. 张成林，译. 北京：中信出版社，2009.

[20] R. 梅雷迪思·贝尔宾. 管理团队：成败启示录[M]. 袁征，李和庆，蔺红云，译. 北京：机械工业出版社，2017.

[21] William G. Dyer, W. Gibb Dyer, Jr., Jeffrey H. Dyer. Team Building [M]. 4th. New York: John Wiley & Sons, Inc., 2007.

[22] Bruce W. Tuckman. Developmental Sequence in Small Groups[J]. Group Facilitation, 1965(3):66-69.

[23] William Bridges. Managing Transitions [M]. 2nd. Boston: Da Capo Press, 2003.